シリーズ「遺跡を学ぶ」082

古代東国仏教の中心寺院

下野薬師寺

須田　勉

新泉社

古代東国仏教の中心寺院
―下野薬師寺―

須田　勉

【目次】

装幀　新谷雅宣
本文図版　松澤利絵

第1章　東北への最前線・下毛野国

1　関東平野北端の地

上野駅から東北本線で北上すること約一時間半、首都圏のビルと住宅が密集する景色から、ようやく畑や林、農家が散在する心なしか懐かしいような田園風景へと変わりはじめると、列車は自治医大駅に着く。駅前の自治医大の建物群を過ぎて東に一キロほど行くと、下野薬師寺跡がある（図1・2）。

晴れた日には南東方向に筑波山、北には日光の山々を遠望することができるこの地は、広大な関東平野の北端にあたる。鬼怒川《きぬがわ》や田川《たがわ》、思川《おもいがわ》、姿川《すがたがわ》といった大小河川が北から南へと流れ、河川沿いの低地には田んぼが、台地上には畑と屋敷地が広がり、企業の大工場や工業団地も点在する。現在の東京近郊によくみかける景観である。

かつてここにあった下野薬師寺《しもつけやくしじ》は、奈良時代に日本三戒壇《さんかいだん》の一つとなり、称徳《しょうとく》天皇の世に法王にまでのぼりつめ、権勢をふるった道鏡《どうきょう》が配流された寺でもあった。なぜ、この地に、そのように重要な寺が建てられ、移りゆく時代のなかで、どのような役割を果たしたのか。長年にわたる発掘調査の成果をもとに、その興隆と衰退の跡をたどってみよう。

2　下毛野国と東山道

「下毛野」という地域

下野薬師寺のある場所は、栃木県下野《しもつけ》市（旧・河内郡南河内町）薬師寺という。「薬師寺」という地名からわかるように、また、この場所にある安国寺が下野薬師寺から改称したものであることが一五七四年（天正《てんしょう》二）成立の『薬師寺縁起』に記されており、古くからこの場所に薬

図１ ● **下野薬師寺跡**（南より）
南の森が伽藍中心部。南北約 340 m（3 町強）、東西約 256 m（2.3 町強）の国立寺院にふさわしい広大な寺院地が設定された。

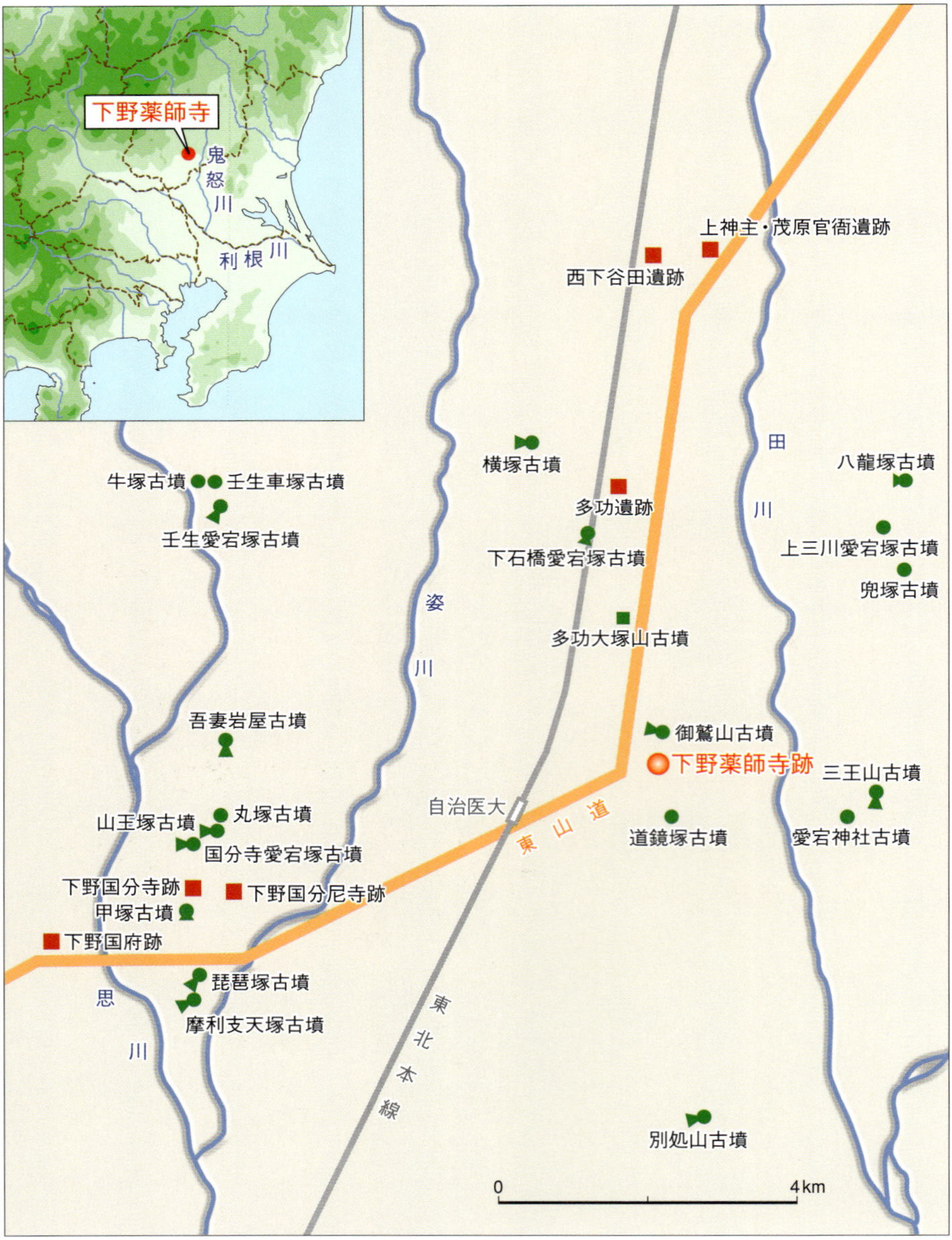

図 2 ● **下野薬師寺付近の歴史的環境**
思川・田川に挟まれた下野国南部域は、6 世紀以降に大型古墳が築造され、さらに下野薬師寺・国府・国分寺が設置されるなど、下野国の中枢部として発展する。

師寺があったことは知られていた。それゆえ一九二一年（大正一〇）には、国の史跡に指定されている。

下毛野国《しもつけぬのくに》は、もと上毛野国《かみつけぬのくに》とあわせて「毛野《けぬ》」とよばれ、在地豪族の毛野氏が支配するクニであった。このクニが二つの地域に分かれるのは、宇都宮市の姿川と田川流域に笹塚《ささづか》古墳（全長一〇〇メートル）や塚山《つかやま》古墳（全長九八メートル）などの大型前方後円墳が成立する五世紀後半頃のいわゆる「倭の五王」の時代である。

ヤマト王権は東国の在地豪族を国造《くにのみやつこ》として任命し、そうした豪族を軍事的基盤として間接的に掌握すると同時に、この地域を東北地方に対する最前線として位置づけたのである。そうした動向のなかで、毛野氏は上毛野君・下毛野君へと分化し、最終的には、七世紀後半の律令的な国が成立する過程で上毛野国・下毛野国が誕生した。

下毛野国という名の史料上の初見は、『日本書紀』天武《てんむ》五年（六七六）五月条の下野国に関する記述であり、持統《じとう》元年（六八七）三月条には「下毛野国」と記されている。また、藤原宮《ふじわらきゅう》から出土した七世紀末頃までさかのぼる木簡《もっかん》にも「下毛野国」「上毛野国」の表記がみられる。そして七一三年（和銅六）に国名が好字二文字に統一され、下毛野国と上毛野国は下野国・上野国と表記されるようになった。

東山道

下毛野国は東国における大国であるだけではなく、東山道にあって、蝦夷と対峙する陸奥国

図 3 ● **東山道**
律令政府は国内を畿内と七道の行政区に分け、幹線網の整備を進めた。
東山道は近江国から陸奥・出羽国までの山道のルートである。

図 4 ● **古代東山道跡**（北台遺跡）
側溝心心間の距離は約 12 m、東山道の幹線路にふさわしい規模である。

と接し、上毛野国とともに大化前代から前線を支える前進基地として、兵士の動員や物資の輸送など、蝦夷の地を統治するうえで重要な役割を果たしてきた（図３）。

『延喜式』諸国駅伝馬条によると、古代の河内郡には「田部《たべ》」「衣川《ころもがわ》」の二つの駅家《うまや》が置かれたことが知られる。近年、古代東山道と推定される道路跡の調査が相ついでおこなわれ、ルートの具体像が検討できる状況になってきた。

下野国南部における東山道駅路の一つは、下野国府・国分寺を通るルートとして、旧国分寺町北台《きただい》遺跡（図４）・北台二号遺跡、旧南河内町諏訪山《すわやま》遺跡・三《さん》ノ谷《や》遺跡などが確認されている。下野薬師寺との関係で

図５ ● 下野国の古代東山道
下野国に設置された駅家は７駅。駅馬は各駅に10匹が配備された。また足利駅と東海道を結ぶ東山道武蔵路があり、このルートが多く使用されたようだ。

いえば、西側の浅い谷をへだてた西約二〇〇メートルの丘陵上を北上し、河内郡家《かわちぐうけ》である多功《たこう》遺跡を経て同郡の出先機関とされる上神主《かみこうぬし》・茂原官衙《もばらかんが》遺跡に至ったと考えてほぼ間違いない（図2・5）。

道路幅は両側の側溝の心心間距離で約一二メートルとほぼ一定し、北台遺跡・北台二号遺跡の側溝からは七世紀後半から八世紀初頭の土器が出土している。東山道の建設と下野薬師寺の造営の前後関係は明らかではないが、同寺が東山道に接して存在した景観を復元できる。このことは、下野薬師寺が創建当初から国家的性格をもっていたことをうかがわせ、律令政府の蝦夷政策との関連を考えるうえでもきわめて重要である。蝦夷と戦うために東国の各地から動員された兵士たちは、生命の安全を薬師如来に祈ったのであろう。

3 下毛野氏と下毛野朝臣古麻呂

下毛野氏

六世紀に入ると、下毛野国の政治の中心は、宇都宮市の姿川と田川の流域から南部の思川と姿川の合流地点付近に移り、摩利支天塚《まりしてんづか》古墳（全長一二三メートル）や琵琶塚《びわづか》古墳（全長一二三メートル）が築造され、さらにその北方には吾妻岩屋《あずまいわや》古墳（全長一一七メートル）がつくられるなど、のちの下毛野国を代表する大型前方後円墳が出現する。

しかし、六世紀末頃になると、この地区の古墳は八〇メートル台に規模を縮小し、しかも帆立貝形前方後円墳が出現するなど、体制内に変化がみられるようになる。

七世紀に入るとそうした状況はさらに進み、主要古墳は南部域の田川流域と思川流域で展開する（図2）。七世紀前半期の新しい段階における田川流域では下石橋愛宕塚《しもいしばしあたごづか》古墳（径八四メートル）、思川流域では壬生車塚《みぶくるまづか》古墳（径八二メートル）などが築造されるが、いずれもテラス部分を広くとった、いわゆる下野型古墳とよばれる特徴を踏襲した三段築成の円墳である。下野国内の大型古墳は、ほぼこの段階で終焉を迎える。しかし、田川流域の河内郡では、七世紀中頃から後半の時期に、大型方墳である多功大塚山《たこうおおつかやま》古墳（辺長五三メートル）が築造され、下野国南部を掌握した証として特筆される。

多功大塚山古墳という大型方墳の採用は、畿内の特定氏族と新たな結びつきをもったことに起因すると考えられ、在地社会が新たな地歩を進めたことによるものであろう。六八四年（天武《てんむ》一三）、八色《やくさ》の姓《かばね》が定められたときに、下毛野氏は中央豪族とならぶ「朝臣《あそん》」の姓を賜っていることから、少なくとも、天武朝期には中央貴族化していたことが知られる。

下毛野氏の居宅か

七世紀における終末期古墳の分布状況からみると、河内郡南部の田川流域を本拠とする下毛野氏が、この地域でもっとも勢力をもった氏族と考えられる。したがって、同氏が立評氏族《りっぴょうしぞく》となって河内評家《かわちひょうけ》（大宝律令によって「評《こおり》」は「郡《こおり》」に改められる）が成立したと考えるのが自然である。その場合、下石橋愛宕塚古墳、多功大塚山古墳、下野薬師寺など、下毛野氏と関連した遺跡が集中する地区にある多功遺跡が、河内評家と考えられるのである。多功遺跡の成立は七世紀の末段階であり、矛盾はない。

下野薬師寺の下層には、七世紀第4四半期に成立した掘立柱《ほったてばしら》建物群がある（図6）。この掘立柱建物群は、重複関係や建て替え痕跡が認められないことなどから、下野薬師寺が成立するまでの短期間に存在した遺構群であり、前代から継続された様相はみられない。さらに、掘立柱建物の規模や高い計画性などから判断すると、豪族居宅を構成する一部であると考えられる。この掘立柱建物群の上層には、さほど時間を経ずして下野薬師寺が建立されるので、寺院と下層遺構とは密接にかかわっていたと考えられる。下層遺構の性格は、下毛野氏の居宅である可能性が高い。この居宅が短期に廃された理由は、国家政策としての下野薬師寺の造営計画と下毛野氏が、密接に結びついていたからにほかならない。そして、その背景に

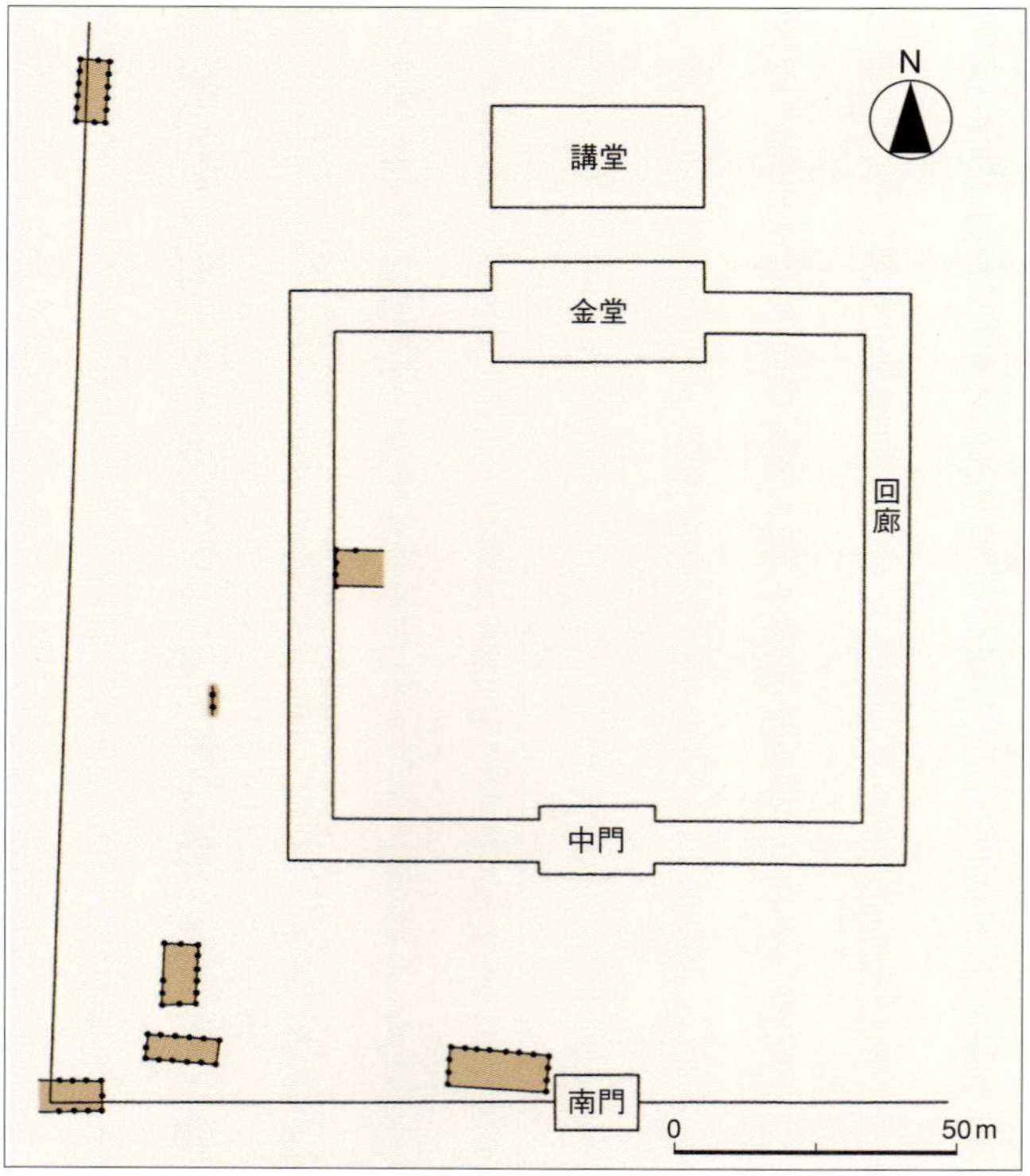

図6 ● 下野薬師寺下層の掘立柱建物
7×3間が1棟、5×2間が3棟など大型建物で構成される。全体としては相当数の建物が予想される。

は、下野国河内郡を本貫地とし、中央政界で活躍していた下毛野朝臣古麻呂《しもつけののあそんこまろ》の存在がある。

下毛野朝臣古麻呂

下毛野朝臣古麻呂は、下野薬師寺がある下野国河内郡を出身地とする人物と考えられている。古麻呂の名が最初に史料に登場するのは、『日本書紀』持統三年（六八九）冬一〇月庚申条の、奴婢六〇〇人を解放することを請うて許された、という記事である。その内容から、そのときの古麻呂は、大宝令の従五位下《じゅごいげ》に相当する直広肆《じきこうし》という冠位をもち、天皇への上奏が可能な地位にいたと同時に、持統天皇とも近い関係にあった。また、六〇〇人という膨大な数の奴婢を所有する豊かな経済的基盤をもち、さらに、奴婢を解放するという仏教的な作善行為に対しても深い理解を示した人物であり、持統天皇との関係を含め、すでに朝廷において重要な地位を得ていたことがわかる。

古麻呂の活躍でもっとも特筆されるのは、大宝律令の撰定に関して、重要な役割を果たした事実である。七〇〇年（文武《もんむ》四）には、律令撰定の功により天皇から禄を賜り、七〇一年（大《たい》宝《ほう》元）には右大弁従四位下《うだいべんじゅしいげ》として、親王《しんのう》・諸臣《しょしん》・百官人《ひゃっかんじん》に新令の講義をおこなっている。また同年八月に大宝律令が完成したときにも、刑部《おさかべ》親王・藤原《ふじわらの》不比等《ふひと》のつぎに名前があげられ、時の権力者である不比等ともきわめて深い関係にあった。さらに、七〇三年（大宝三）には、律令撰定の功により田《でん》一〇町・封戸《ふこ》五〇戸を賜ったが、このときも官人の筆頭にあげられている。

そうした大宝律令の撰定をはじめとするさまざまな勲功のうえに、七〇二年（大宝二）三月、古麻呂は朝政を参議《さんぎ》する議政官《ぎせいかん》に至ったのである。その後、七〇五年（慶雲《けいうん》二）に兵部卿《ひょうぶきょう》、七〇八年（和銅《わどう》元）には式部卿《しきぶきょう》に任じられるが、翌年一〇月、式部卿大将軍正四位下《しょうしいげ》を最高位として没した。七世紀後半から八世紀初頭の中央政界において、下毛野朝臣古麻呂が歴史上に果たした役割はきわめて大きかったといえよう。

中央政界における活躍に対し、古麻呂の本貫地である下野国や河内郡への影響力は、どのような状況だったのであろうか。古麻呂が参議として活躍していた七〇七年（慶雲四）三月、同族の下毛野朝臣石代《いわしろ》の姓を「下毛野川内《かわち》朝臣」と改めるよう文武天皇に申請し、許されている。下毛野朝臣氏のなかで、古麻呂とは別系統の一族の姓を区別し、同族内でのみずからの優位性をはかろうとしたものと、佐藤信《さとうまこと》は指摘する。七〇七年という時期は、まさに創建期における下野薬師寺の造営が進行しているときであり、中央で活躍している下毛野朝臣一族が、本貫地における同族下毛野氏との関係の強化をはかったものであろう。

第2章　特異な一塔三金堂の伽藍

1　創建はいつか

文献にみる創建年代

下野薬師寺の創建年代については、考古学・文献史学の両面から論じられ、天智《てんじ》・天武・文武朝などの諸説が考えられてきた。創建に関することを記述した文献史料はいくつもあるが、そのなかで、比較的信頼できる史料として、『類聚三代格《るいじゅうさんだいきゃく》』と『続日本後紀《しょくにほんこうき》』をあげることができる。『類聚三代格』嘉祥《かしょう》元年（八四八）一一月三日の下野国薬師寺に講師をおくことを定めた太政官符《だいじょうかんぷ》には、つぎのように記されている。

件《くだん》の寺は天武天皇の建立する所也《ところなり》。坂東《ばんどう》十国の得度者《とくどのもの》、咸此《みなこ》の寺に萃《あつま》りて受戒《じゅかい》す、今建《こん》立《りゅう》の由を尋《たず》ぬるに、大宰観世音寺《だざいかんぜおんじ》と一揆也《いっきなり》

また、『続日本後紀』嘉祥元年一一月己未条にも、

下野国言《もう》す、薬師寺は天武天皇の建立する所也

とある。

この二つの文献史料から、下野薬師寺の創建を天武朝と考えることができる。しかし、石村《いしむら》喜英《きえい》が指摘するように、発願者は天武天皇であるが、実際の造営時期は文武朝の時期までずれこんだとする考えもある。石村は、大宝律令の撰定に主体的にかかわり、七〇九年（和銅二）に式部卿大将軍正四位下で卒《しゅっ》した下毛野朝臣古麻呂の事績を高く評価し、その本貫地が下野薬師寺の建立された下野国河内郡にあたることを重視する。

前章でも述べたように古麻呂は、七〇三年二月に大宝律令の撰定の功により、田一〇町と封戸五〇戸を賜わったが、一カ月後の三月には、再び功田《こうでん》二〇町が下賜《かし》されている。天武朝に発願された下野薬師寺の創建事業は、大和薬師寺の造営や内政整備に追われて着工にいたらず、文武朝になってから、古麻呂などの助力により着工されたと石村は想定する。そして、三月に下賜された功田二〇町はその功賞であり、『帝王編年記《ていおうへんねんき》』にみられる六九九年（文武三）の文武朝創建説は、そのことを物語ると指摘した。

寺院造営を発願した天皇に創建者を仮託《かたく》することはよくあることで、下野薬師寺の場合も、発願は天武朝と考えられるが、実際の造営はその後にずれ込んだ可能性がある。

考古学からみた創建年代

考古学から創建年代を検討するうえできわめて有効な遺物に、屋根に葺かれた瓦がある（図

図 7 ●屋根瓦

図 8 ●創建時の蓮華文鬼瓦
蓮弁は素弁であるが、外区の鋸歯文と中房の特徴から、軒丸瓦の笵型と同工房の製作であろう。

7）。下野薬師寺出土でもっとも古い創建期の瓦は、軒丸瓦《のきまるがわら》一〇一型式と軒平瓦《のきひらがわら》二〇一型式の組み合わせである（図9）。軒丸瓦一〇一型式は、六六一～六六七年の間に創建されたと考えられている大和川原寺《かわらでら》の六〇一型式を祖型とする面違鋸《めんたがいきょ》歯文縁複弁八葉蓮華文軒丸瓦《しもんえんふくべんはちようれんげもんのきまるがわら》であるが、文様構成や文様各部の表現は川原寺の瓦の要素をもつものの、各部の特徴は大きく後退した構成である。

軒丸瓦一〇一型式は、瓦の笵型《はんがた》の磨耗や製作技法・胎土などの特徴から、一〇一a型式と一〇一b型式に分類される（図10）。この二つの瓦は、笵傷《はんきず》の進行と文様の磨耗が著しいばかりではなく、丸瓦の接合位置や丸瓦先端の加工技術にも相異がみられる。一〇一b型式の笵型は笵傷や磨耗が著しく進行したため、一〇一型式の瓦当文様をモデルとして、新たに一〇四a型式の笵型がつくられる（図11）。一〇一b型式と一〇四a型式の平瓦の接合位置と接合方法が共通するので、下野薬師寺の造営過程で、一〇一b型式と一〇四a型式は連続して製作されたと考えられる。一〇四a型式は、下野薬師寺の伽藍の造営状況から、八世紀第1四半期に位置づけられ、一〇一b型式も、瓦当面《がとうめん》と丸瓦部の接合形態からみると、八世紀に入る可能性が高い。したがって、下野薬師寺でもっとも古い一

図9 ● 101型式軒丸瓦と201型式軒平瓦
坂東での川原寺式軒丸瓦は、上総大寺廃寺・上野寺井廃寺と下野薬師寺の三カ寺のみである。

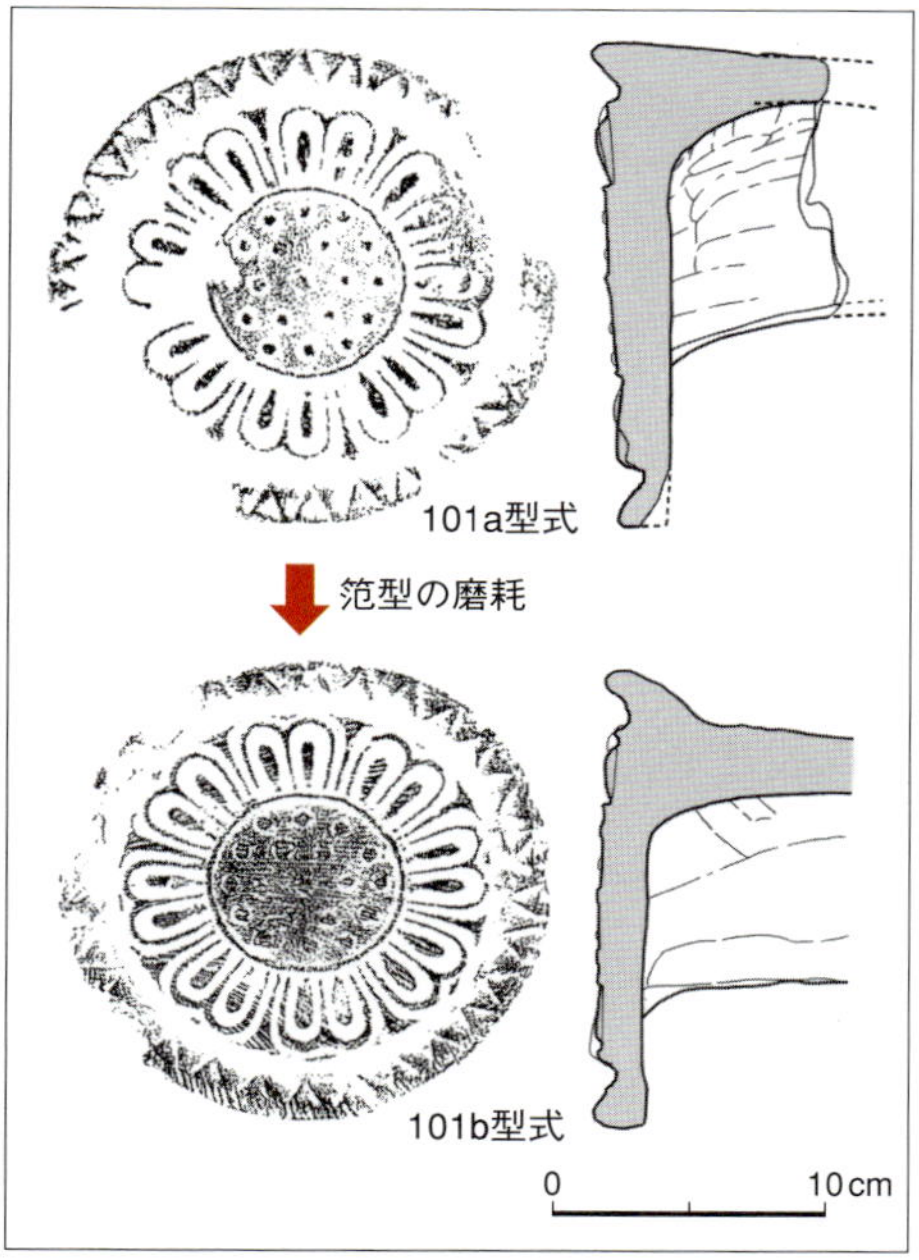

図 10 ● **101 型式軒丸瓦の変遷**
笵型の磨耗は a から b へ進行する。a と b とでは製作技法・胎土にも違いがみられる。瓦窯は不明。

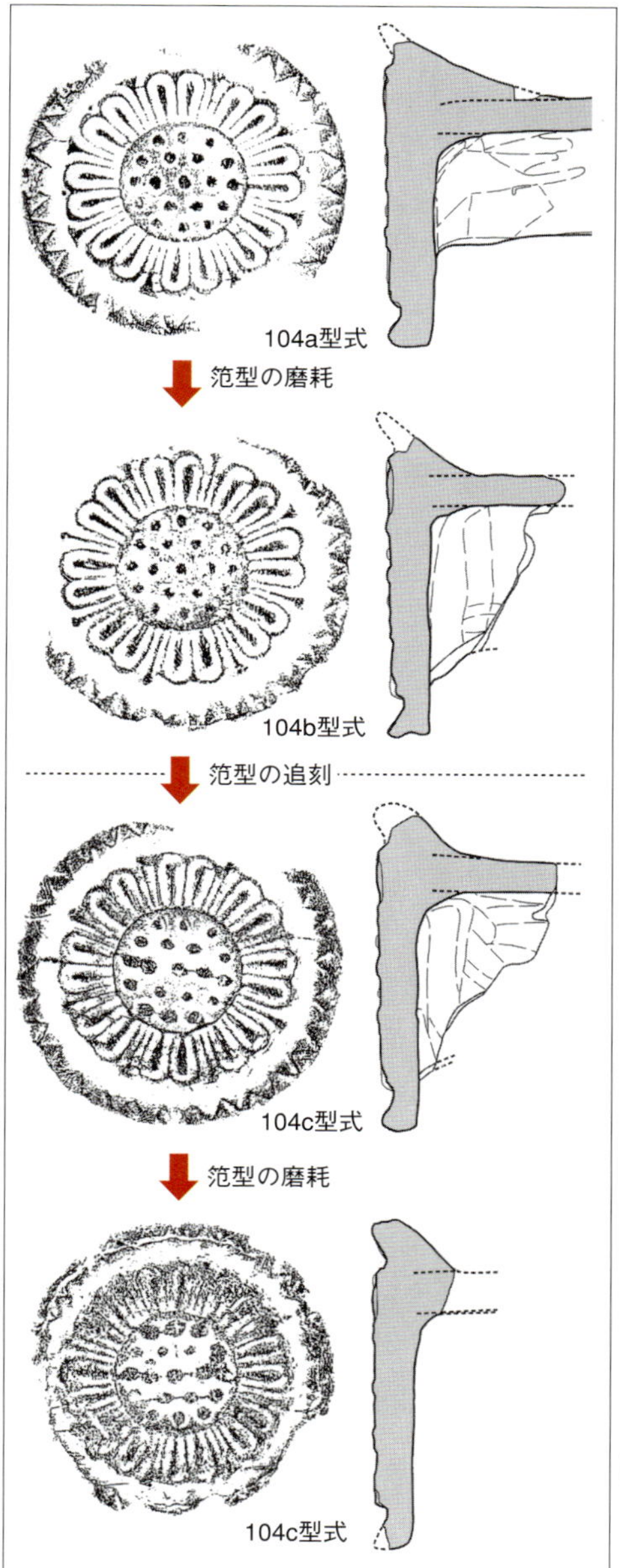

図 11 ● **104 型式軒丸瓦の変遷**
101 型式軒丸瓦の笵型が傷んだため、それを祖型として新調された。笵型の磨耗は a → b → c の順で進行。水道山瓦窯で c が 1 点出土したほかは瓦窯不明。

○一a型式は、七世紀末葉の六九〇年代に位置づけられる。一方、創建期の重弧文軒平瓦《じゅうこもんのきひらがわら》（二〇一型式）は、桶型《おけがた》から分割した後、一枚一枚に重弧文を施文した可能性が高い。
花谷浩《はなたにひろし》によると、大和山田寺《やまだでら》から出土した型挽重弧文《かたびきじゅうこもん》のなかには、桶型から分割後に型挽き施文した一枚づくりの軒平瓦にCⅡ型式があり、この瓦は七世紀末から八世紀初頭の文武朝の補修瓦と考えられている。下野薬師寺では、もっとも古い軒丸瓦である一〇一a型式が七世紀末葉に位置づけられるので、軒丸瓦・軒平瓦とも年代が一致することになる。したがって、考古学からみた下野薬師寺の創建は、文武朝がひとつの目安になろう。

発願の時期

下野薬師寺の造営が開始された時期を以上のように考えると、『類聚三代格』や『続日本後紀』にみられる天武朝を創建とする内容と齟齬《そご》をきたす。しかし、このことを考える史料として、すでに述べた『類聚三代格』所収の嘉祥元年（八四八）一一月三日付の太政官符がある。そのなかで注目しなければならないのは、「天武天皇の建立する所也。（中略）今建立の由を尋ぬるに、大宰観世音寺と一揆也」の文言である。ここで重要な内容は、「天武天皇の建立」「大宰観世音寺」「一揆也」である。これまで、筑紫観世音寺については、大宰府観世音寺、大宰観世音寺、府大寺などと大宰府に付属した寺名でよばれる場合と、筑紫観世音寺とよばれる場合とがある。大宰観世音寺の名称が最初にみえるのは、『新抄格勅符抄《しんしょうきゃくちょくふしょう》』の、

大宰観音寺　二百戸　丙戌年施　筑前国百戸　筑後百戸

という記述である。ここに記載された「丙戌年」は、六八六年（朱鳥元《しゅちょう》）にあたると考えられるので、その年に筑前・筑後国の封戸二百戸が、大宰観世音寺に施入されたことになる。この記述は、寺の財産目録である九〇五年（延喜《えんぎ》五）の『筑前観世音寺資財帳《ちくぜんかんぜおんじしざいちょう》』にみえる筑前・筑後の「封戸《ふこ》弐百烟《にひゃくえん》」に相当するので、六八六年に封戸二〇〇戸が大宰観世音寺に施入されたのは確実である。この時期における二〇〇戸という多大な封戸の施入は、これまで存在した筑紫観世音寺に対し寺院経営費が加増されたのではなく、新たな寺院造営にともなう造寺費用であった可能性が高い。つまり、当初の筑紫観世音寺は大和川原寺と同様に、斉明天皇の菩提を弔《とむら》うための、いわば天皇の私的な寺としての性格をもっていた。それが、大宰府と一体化した国家的寺院に転換がはかられた。その年が六八六年であり、大宰観世音寺としての実質的な発願の年であったと考える。

筑紫観世音寺における以上のことをふまえ、あらためて『類聚三代格』所収の、嘉祥元年一一月三日付太政官符を検討すると、下野薬師寺建立の由来は、大宰観世音寺と思想を同じくして発願された寺とあるので、六八六年頃、列島の東と西に国家的寺院としての性格をもって、天武天皇により発願された寺と考えることができる。

2　日本で唯一の下野薬師寺式伽藍配置

下野薬師寺の発掘調査は、栃木県教育委員会によって一九六六年から始められた。この段階では、平城京薬師寺（図12左）と同じ伽藍配置が想定されていた。また、一九九二年から始まる史跡整備にともなう発掘調査においても、当初は同様の伽藍配置をもつと考えられていた。ところが、二〇〇二年に東金堂《とうこんどう》地区と金堂基壇の調査を実施していた斉藤《さいとう》光利《みつとし》と下谷《しもや》淳《あつし》の両氏から、昭和の調査で確認されていた金堂基壇がみつからないという連絡があった。そのため、二〇〇四年に先の調査で金堂と推定された位置の再調査を実施した。その結果、一辺約一二メートル四方の地面をプール状に掘り込んで築成した基壇を検出した。基壇中央部からは、径二・五メートルの礎石据え付けのための掘方と抜き取り痕が認められ、これを塔心礎の据え付け跡と判断した。この確認により、これまで金堂跡と考えられてきた場所には、当初から創建期の塔が存在したことが明らかとなり、伽藍配置に再検討が必要となった。

　ここでは、天武朝に発願され、七世紀末葉に造営が開始された下野薬師寺が、七二二年（養老六）頃

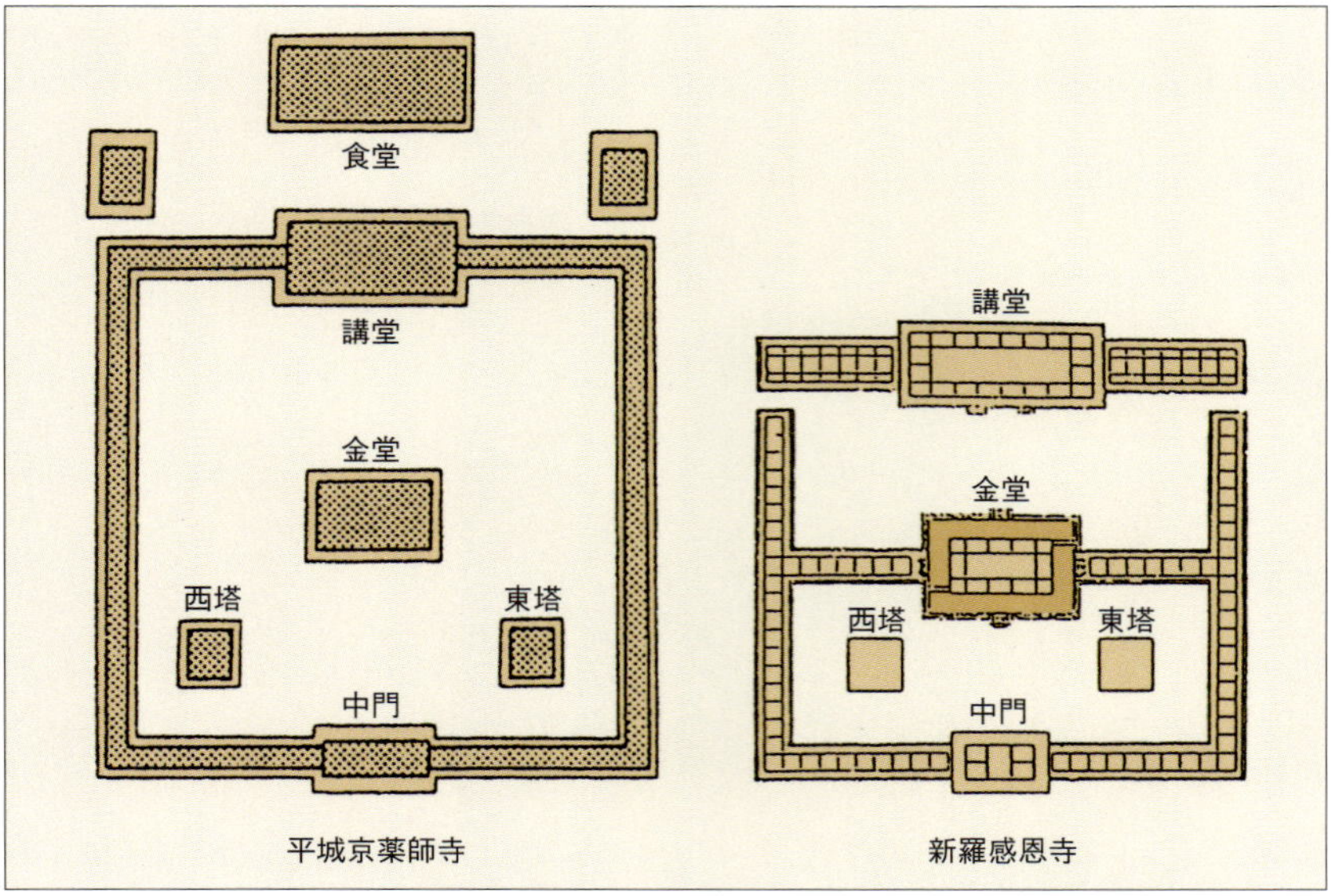

図 12 ● **平城京薬師寺の伽藍配置**（左）**とモデルとなった新羅感恩寺の伽藍配置**（右）
藤原京薬師寺は新羅感恩寺の伽藍配置をモデルとした。平城京薬師寺も藤原京薬師寺とほぼ同規模で建てられた。

に官寺に昇格し、公的機関である造寺司のもとに造営が引きつがれるまでの、約三〇年間の造営の実態をみてゆこう。この間に完成した建物は、中金堂《ちゅうこんどう》、塔、東金堂、および西回廊《にしかいろう》下層の六脚門《ろっきゃくもん》と掘立柱塀である。一九六〇年代の調査によれば、中門はすでに完成していた可能性があり、西金堂については造営途中であった（図13左）。

品字型の三金堂

創建期の中金堂の遺構は確認されていないが、創建当初から存在したことは、出土した瓦から確認できる。先に述べたように下野薬師寺から出土する瓦のなかで、もっとも古い瓦は笵傷のない一〇一a型式軒丸瓦で、講堂跡から出土する。しかし、講堂は官寺化にともない、七二二年（養老六）以降に新たに造営された建物なので、この一〇一a型式軒丸瓦は再利用されたものである。創建塔や東金堂から出土する一〇一a型式軒丸瓦は、いずれも笵傷がある。笵傷のない瓦は、それらに先行する建物に使用されたことが確実で、その建物を想定すると、

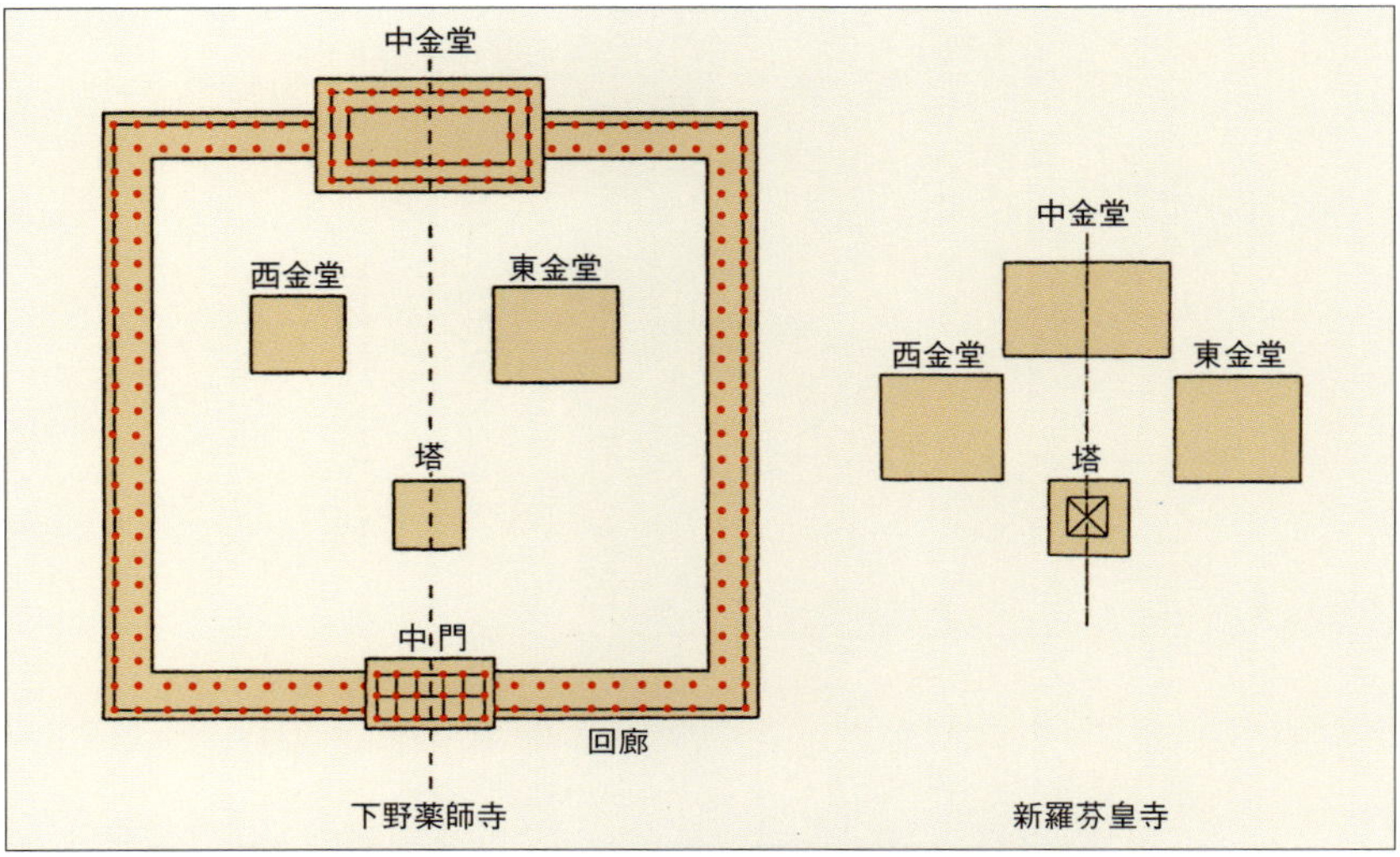

図13 ● 下野薬師寺の伽藍配置（左）とモデルとなった新羅芬皇寺の伽藍配置（右）
創建期下野薬師寺の回廊は仮設の掘立柱塀。図示した中金堂・回廊・中門は官寺化時のものである。芬皇寺の回廊は未確認。

創建期の中金堂以外にはない。したがって、下野薬師寺の伽藍配置は、創建当初から三金堂を品字型に配し、その中央南面に塔を置く、一塔三金堂型式の伽藍配置で計画が進められたとみてよい。

東金堂の基壇規模は二一・〇×一七・〇メートルで、飛鳥寺の中金堂に近い典型的な飛鳥・白鳳期の平面形態である（図14）。創建期中金堂は、もう少し規模が大きかったと推定される。この中金堂は、官寺化にともない八世紀型の大型の金堂に改められる（図15）。官寺として改築の必要性が生じたのであろう。西金堂の基壇規模は一六・五×一三・三メートルで、東金堂よりも一まわり小さい。

塔

創建の塔は基壇辺長が約一二メートルの規模で、心礎《しんそ》や側柱《がわばしら》・四天柱《してんばしら》の礎石は抜き取られていた。

下野薬師寺の創建期の建物で、官寺化以降に引

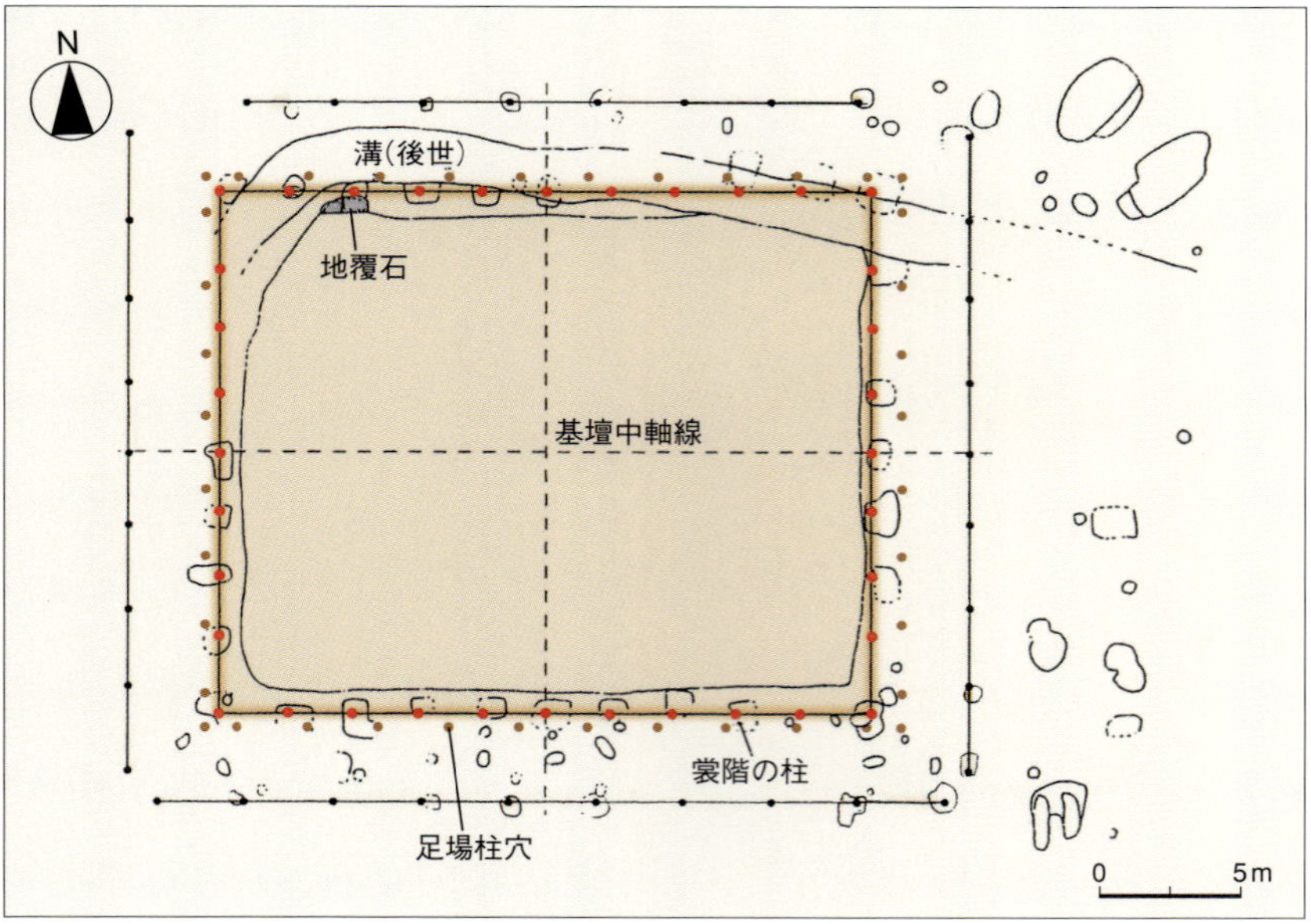

図 14 ● 東金堂
基壇に沿って桁行 10 間、梁行 8 間の柱掘方が確認された。
足場柱穴は別にみられるので、板葺の裳階と想定した。

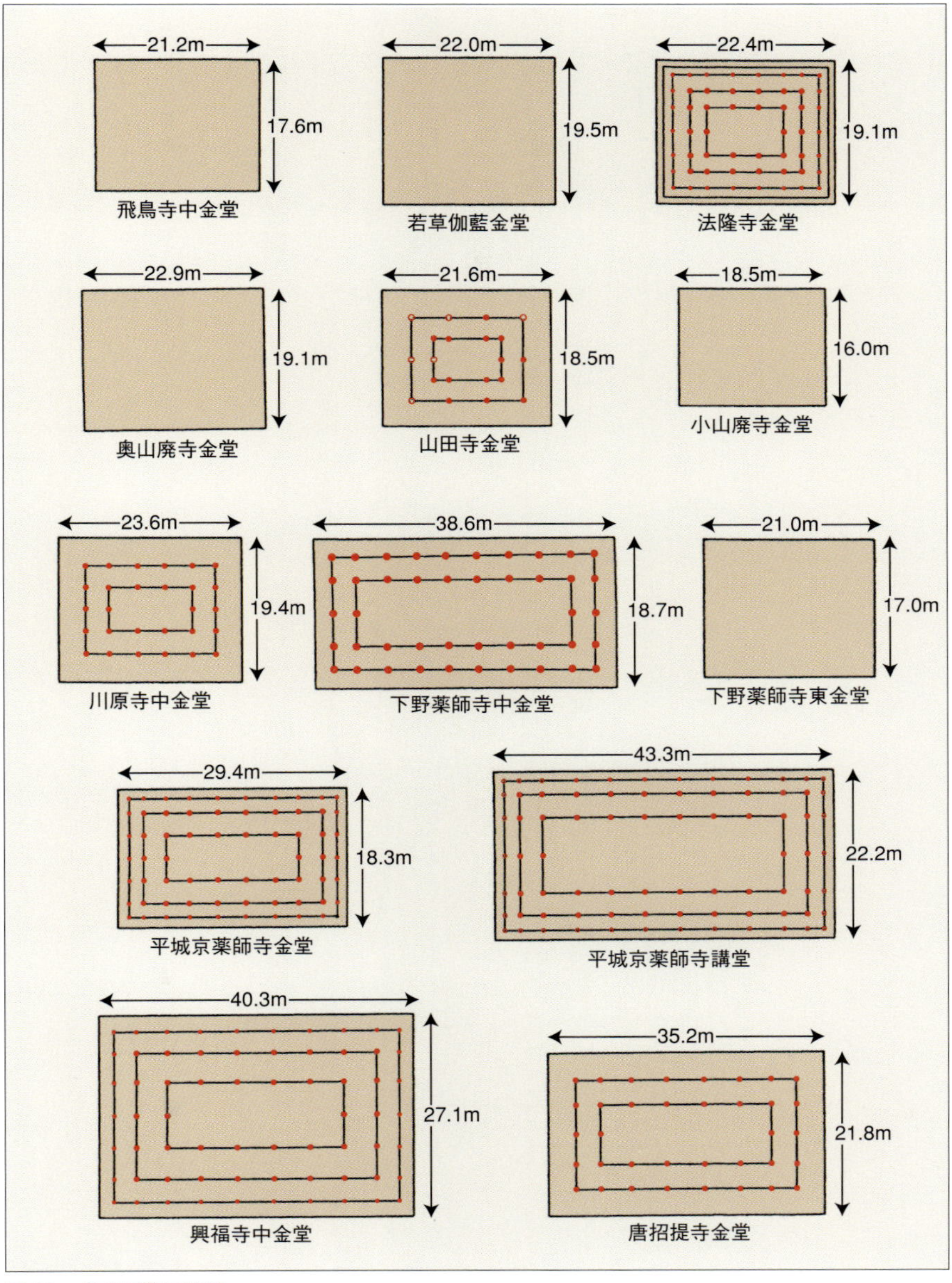

図 15 ● 金堂規模の比較
創建期の下野薬師寺中金堂は、川原寺中金堂とほぼ同規模と推定される。
官寺化時の中金堂は平城京薬師寺金堂よりはるかに大きい。

き継がれた建物は、改作された中金堂を除くと、東金堂・西金堂と塔である。これらの建物に共通した特徴は、基壇端に沿って掘立柱列があることで、法隆寺金堂や大和薬師寺東塔にみられるような裳階《もこし》を受ける柱掘方の可能性が高い。ただし、大和薬師寺のように裳階に葺く小型瓦が出土しないので、法隆寺金堂のような板葺《いたぶき》であったと想定される。

六脚門と掘立柱塀

西回廊の下層では、六脚門とそれにともなう掘立柱塀が確認されている。回廊機能を備えた施設であるが、掘立柱列の柱掘方の規模は浅く小さいので、仮設的性格が強い遺構である（図29参照）。官寺化にともなう改築時には、総瓦葺の本格的回廊に改められた。

以上のように、下野薬師寺の中心伽藍および寺院地の規模については、一九九二年から始められた史跡整備にともなう発掘調査で、ほぼ確定した。その伽藍配置は、創建期から一塔三金堂型式の日本国内では例をみないものであった。この特異な伽藍配置は、どこからきているのだろうか。

3　ルーツは朝鮮半島・新羅

新羅芬皇寺

下野薬師寺の伽藍配置は現在のところ、新羅芬皇寺《しらぎふんこうじ》に唯一類例をみることができる（図13右）。

韓国慶州《けいしゅう》市九黄洞《きゅうこうどう》にある芬皇寺は、六三四年（新羅二七代善徳《ぜんとく》女王三）に創建された。その後、七五五年（新羅三五代景徳《けいとく》王一四）に、巨大な薬師如来銅像を造立するにあたり、一塔一金堂型式の伽藍につくり改められたとされる。正門を入ると、国宝に指定された塼《せん》状の割石を積んだ模塼《もせん》石塔が姿をとどめ、今日まで法灯《ほうとう》を伝えている。

発掘調査が実施される以前の芬皇寺の伽藍配置については、一塔伽藍、西殿東塔、両院伽藍などの諸説があった。一九九〇年以降の数次にわたる発掘調査の結果、創建時の芬皇寺は、三つの金堂を品字形に配し、その前面に塔を置く一塔三金堂型式の伽藍配置をもつことが明らかになった。創建期の中金堂の基壇規模は、東西二六・六メートル、南北一五・四メートルの長方形であるが、基壇の上面は消失しているので、建物の平面規模は不明である。中金堂前面の東金堂・西金堂の基壇規模は、いずれも東西二〇・三メートル、南北一八メートルの同規模で建てられている。伽藍中軸線

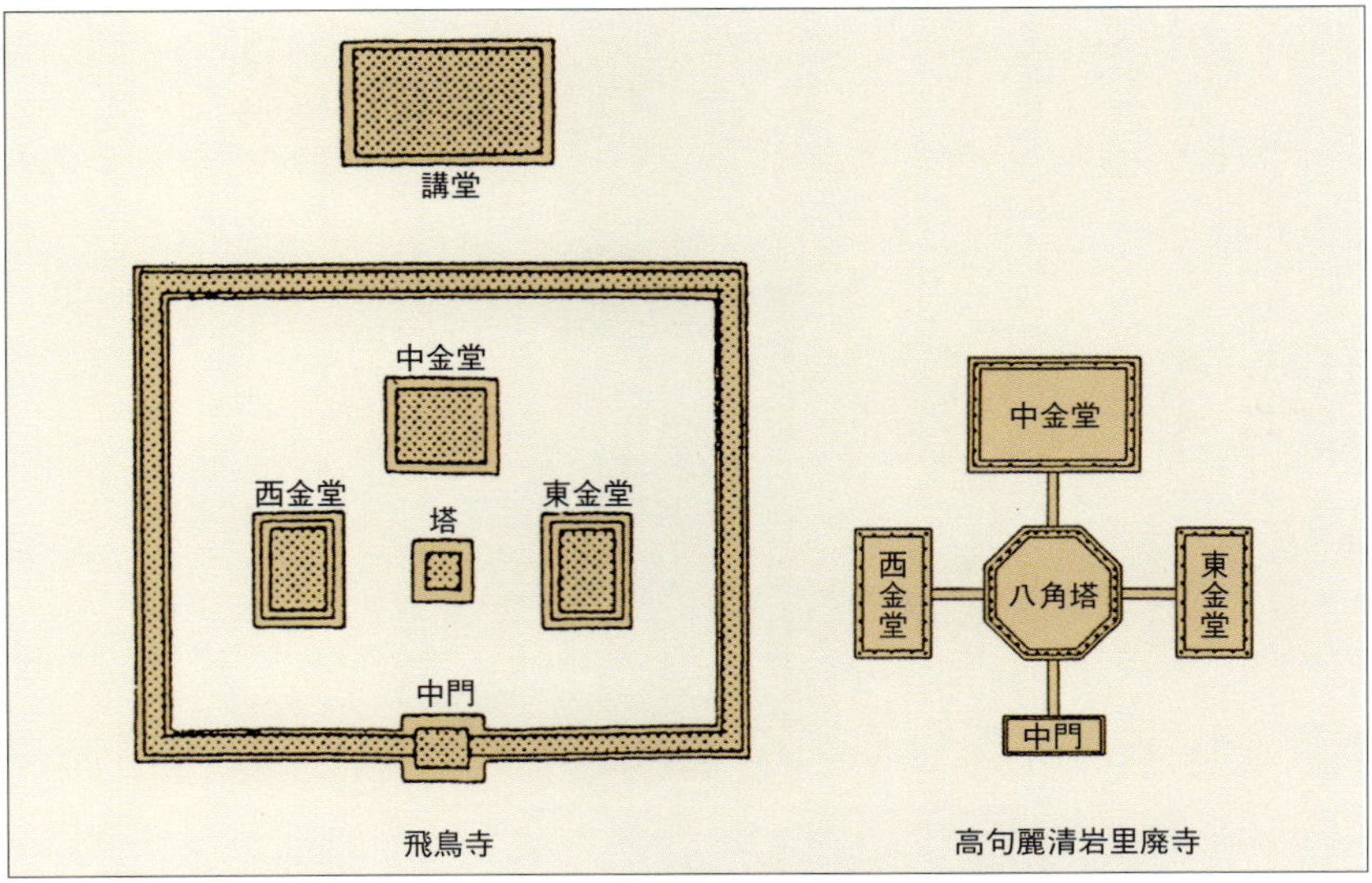

図16 ● 飛鳥寺の伽藍配置（左）**とモデルとした高句麗清岩里廃寺の伽藍配置**（右）
飛鳥寺は蘇我馬子によって造営された日本最古の寺院。高句麗式伽藍配置を採用し、百済の技術で建てられた。馬子の外交姿勢があらわれている。

の南面には国宝の模塼石塔があり、東・西金堂の基壇南端と塔基壇北端とを一致させるなど、きわめて規格性の高い伽藍配置として計画されている。

一塔三金堂型式の伽藍配置は、高句麗の清岩里廃寺《せいがんりはいじ》（図16右）、上五里廃寺《じょうごりはいじ》、定陵寺廃寺《ていりょうじ》などにみられる型式である。しかし、現在確認されている高句麗の伽藍配置は、例外なく中金堂と東金堂・西金堂の正面が塔を向いており、東金堂と西金堂は向き合って建てられている。

これに対し、芬皇寺で確認された伽藍配置は、中金堂と東・西金堂の正面がすべて南方を向き、その南面に塔を置く点で、高句麗の伽藍配置とは異なっている。新羅には、芬皇寺より創建が古く、五五二年（真興王《しんこうおう》一四）に造営が始まり、朝鮮三国のなかでも最大級の伽藍をもつ皇龍寺《こうりゅうじ》がある（図17）。この寺の伽藍配置は、中金堂の東西に、いずれも南面した東金堂と西金堂を置き、中金堂の南面に木造の九重塔を配する一塔三金堂型式である。

このように、皇龍寺や芬皇寺にみられる新羅の一塔三金堂型式の伽藍配置は、高句麗からの仏教の影響を受けて成立したが、まったくの模倣ではなく、新羅独自の改造を加えたものであった。

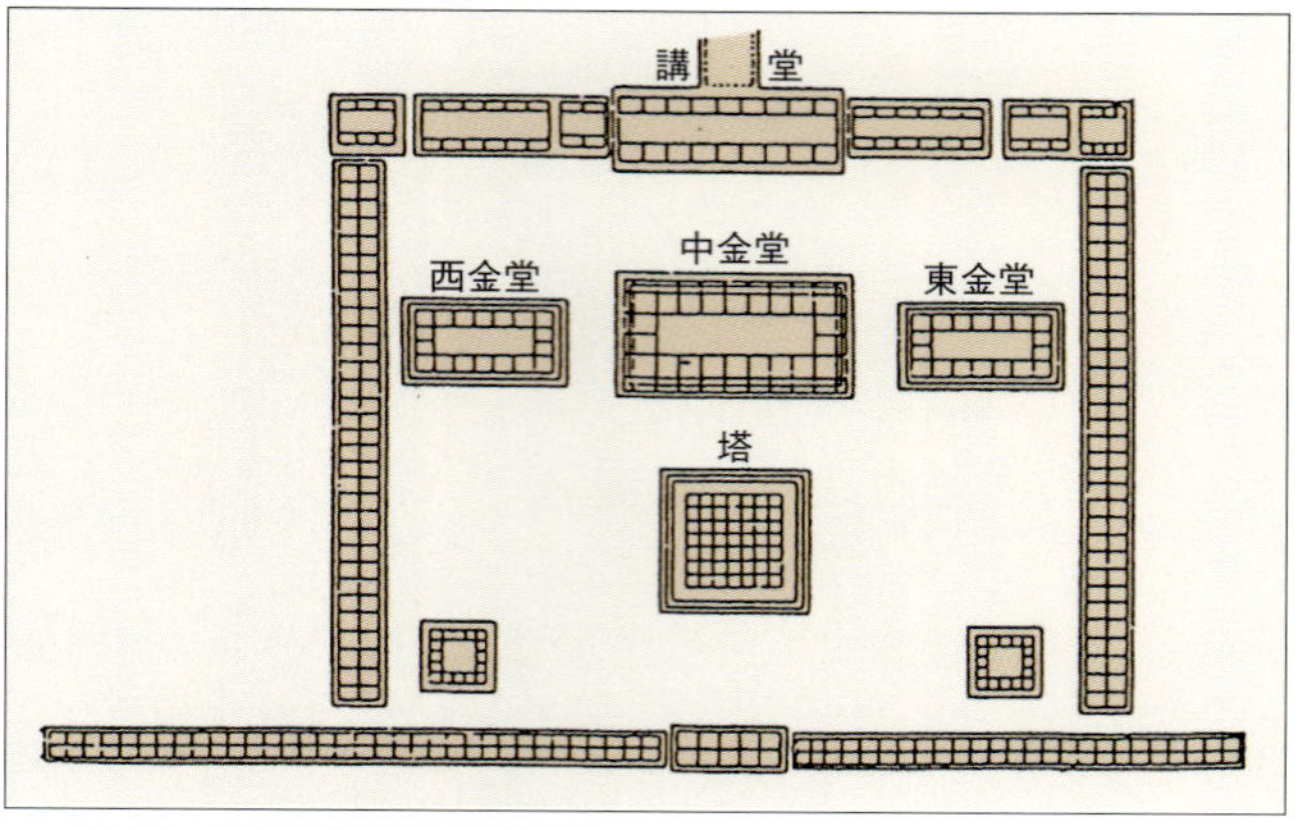

図 17 ● 新羅皇龍寺の伽藍配置
皇龍寺は宮殿を建設する予定であったが、黄龍の出現で仏寺に改造したという伝説がある。図は第 4 次伽藍。

下野薬師寺の新羅式一塔三金堂型式の伽藍配置は、日本で唯一の伽藍配置であるが、そのモデルとなった寺としてもっとも可能性が高いのは、新羅芬皇寺であろう。ただし、芬皇寺の東金堂と西金堂の基壇は同規模であり、文字どおり品字形に配置するのに対し、下野薬師寺では東金堂を大きく、西金堂を小さく計画している。下野薬師寺の場合、東・西金堂の本尊のありかたに軽重があったことが想定される。

芬皇寺と薬師信仰

新羅式一塔三金堂型式の伽藍配置をもつ創建期の芬皇寺は、塔をそのままにして、金堂のみを一つに統合した一塔一金堂型式の伽藍配置につくり改められる（図18）。この一次再建金堂は、創建期の中金堂の位置を踏襲し、建物規模が東西二八・四メートル、南北二〇・〇メートルの桁行七間×梁行六間の大型建物に建て替えられる。その時期は、基壇積土内から出土した統一新羅時代の花鳥文軒平瓦などの年代から、統一新羅時代、またはそれ以降と推定される。

この一次再建金堂の規模が拡大された理由として、『三国遺事《さんごくいじ》』巻第三の「皇龍寺鐘、芬皇寺薬師奉徳寺鐘」条の記事が注目される。すなわち、芬皇寺が創建されてから一二一年後にあたる七五五年（景徳王一四）に、鋳造工である強古乃末が、三〇万六七〇〇斤の銅を使用して、芬皇寺の薬師如来銅像を鋳造したことが記されている。同じく『三国遺事』巻第三の「皇龍寺丈六」条には、皇龍寺の丈六尊像の造像に使用された黄鉄が五万七〇〇〇斤とみえる。この二つの記事を比較すると、芬皇寺の薬師如来銅像は、皇龍寺丈六尊像のおよそ五倍の重さがあったことになる。この巨大な仏像を安置するためには、それに見合った規模の金堂が必要になる。芬皇寺の一次再建金堂は、創建期の三金堂を一つの金堂に吸収した伽藍であるが、これと巨大薬師如来銅像の造立を関連づけると、一次再建金堂の造営時期は七五五年と考えることができる。なお、今も残る一次再建金堂の上に建設された晋光殿《ふこうでん》には、本尊として薬師如来立像が安置され、薬師信仰が今日まで生きつづけている。

　芬皇寺が、一塔一金堂型式の伽藍配置に建て替えられたことと薬師信仰とは密接な関係があるのであろう。信仰の対象が突然変化したのではなく、創建期の性格を引き継ぎながら、時代の変化や社会の要請に応じることで、その信仰は確立したのであろう。芬皇寺の一塔三金堂型式から一塔一金堂型式への伽藍配置の変化をそのように考えると、下野薬師寺と新羅芬皇寺とは、薬師信仰を通じて結びついた可能性が高い。芬皇寺が一塔一金堂型式の伽藍配置に改変されたのは七五五年であり、下野薬師寺の造営が開始されるのが七世紀末段階なので、下野薬師寺が芬皇寺の一塔三金堂型式をモデルとしたことに年代的矛盾はない。問題はむしろ、なぜ下野薬師寺

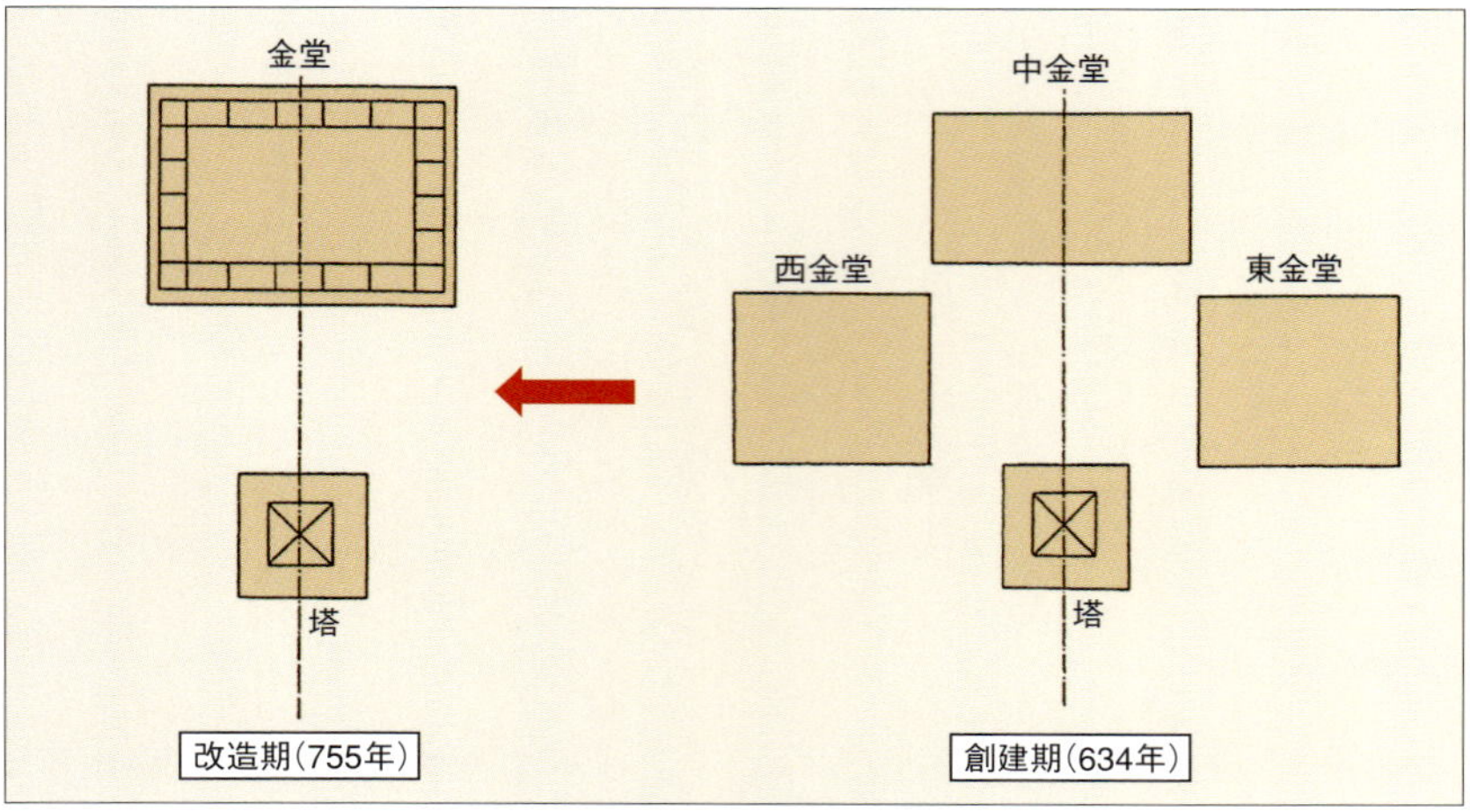

図 18 ● 芬皇寺伽藍配置の変遷
芬皇寺の一塔三金堂型式の伽藍は、巨大な薬師如来像を安置するため、一塔一金堂型式に改造された。

は新羅仏教をとり入れたのかという理由である。

新羅と日本の仏教界

六三〇年（舒明《じょめい》二）、日本から第一次遣唐使が派遣される。その後、七一〇年（和銅《わどう》三）までの八〇年間に八回の遣唐使が海を渡り、教義・経典を修めることにはげむ大唐学問僧も同行した。しかし、六六九年（天智八）の第六次遣唐使の派遣以後、七〇二年（大宝二）の第七次遣唐使の派遣まで、天武・持統・文武天皇の時代の三三年間は、遣唐使の派遣はなかった。遣唐使が停止されている間は、大唐学問僧の派遣もないわけであるが、その間、遣新羅使の回数が増え、それにともない多くの新羅学問僧が派遣され、新羅に赴いた。

そうしたなかで、六八五年（天武一四）に帰国した観常《かんじょう》・雲観《うんかん》をはじめとして、七〇七年（慶雲《けいうん》四）に帰国した義法《ぎほう》ら五名を含めると、一四名の新羅学問僧が名前をとどめている。しかし正史に名を残さない僧侶を含めると、新羅学問僧はかなりの数にのぼったことが予想できる。田村圓澄《たむらえんちょう》は、そうした僧のなかから小僧都《しょうそうず》（僧正に次ぐ僧官）や律師《りっし》（僧都につぐ僧官）にまでのぼりつめた僧侶も多く、平城京《へいじょうきょう》遷都前後の僧綱《そうごう》（僧尼や法務を統括する僧官）は、渡来氏族出身者や多くの新羅学問僧たちによって構成されていた点に注目しなければならない、と指摘する。

飛鳥仏教界における指導者は、百済僧か高句麗僧、ないしは渡来氏族出身者によって占められていた。しかし、仏教伝来から約一世紀半が過ぎ、律令国家の成立の段階を迎えると、日本の仏教界における新羅仏教の比重は大きくなってくるのである。天武・持統・文武朝は、まさにそうした時代にあたる。

新羅感恩寺と藤原京薬師寺

六八〇年（天武九）、天武天皇は、皇后の病気平癒を願って藤原京に薬師寺の造営を開始する。薬師寺は塔二基をもつ日本最初の双塔式伽藍配置で、そのモデルは新羅感恩寺《かんおんじ》（図12右）にあるといわれている。『三国遺事』が引く「寺中記《じちゅうき》」にみられる感恩寺は、第三〇代文武《ぶんぶ》王が発願した寺であるが、六八一年、後を継いだ神文《しんぶん》王により造営が引き継がれ、翌六八二年に完成したとされる。文武王は朝鮮半島三国を統一した英雄であり、神文王が文武王の〝恩に感謝する〟意味を込めて造営し、寺名もそれにそってつけられたようであるが、寺のもつ性格は鎮護三韓にあった。

天武天皇が在位した一五年間に来日した新羅使は、一五回を数える。前後に比をみない頻度である。六六三年の白村江《はくそんこう》の戦い以後、日本と新羅の関係は、文武王によって新たな段階に達したといっても過言ではない。その文武王ともっともゆかりの深い感恩寺がモデルとなって、藤原京の中枢部に、天武天皇の発願による薬師寺が造営されたのである。下野薬師寺の伽藍配置や信仰が新羅芬皇寺をモデルとしているのも、天武・持統・文武朝の時期における対新羅政策や新羅仏教界との関係のなかで構築されたものといえよう。

下野国の在地社会と新羅系遺物

板橋正幸《いたばしまさゆき》の調査によると、二〇〇一年段階で、日本における統一新羅以降の新羅土器の出土数は、六三遺跡九二点にのぼるという。出土遺跡は二府七県にまたがるが、西日本に集中し、東日本では栃木県と千葉県の二県にすぎない。しかも、栃木県での出土は六遺跡一四点におよび、福岡県・大阪府・奈良県についで全国で四番目に多いという。やや古いデータではあるが、基本的な傾向はいまも変わらないであろう。

そのほかにも、栃木県からは七世紀後半から八世紀初頭頃の新羅金銅仏、新羅系瓦、新羅土器、佐波理匙《さはりさじ》、火熨斗《ひのし》など、新羅に関係した遺物が集中して出土し、全国的にも稀な地域である。「永昌《えいしょう》元年（六八九年）」の中国の年号をもつ栃木県大田原市の那須国造碑《なすこくぞうひ》も、碑文の内容から儒教的な思想背景がうかがえ、新羅からの渡来人の影響のもとに成立したと考えられる。

『日本書紀』には、六八七年（持統元）、六八九年（持統三）、六九〇年（持統四）の三回にわたり、下毛野国に新羅人を移配した記事がみえる。短期間に地域を限定し、しかも、新羅人のみを集中して移配するのは異例であり、政策的におこなわれた可能性すらある。

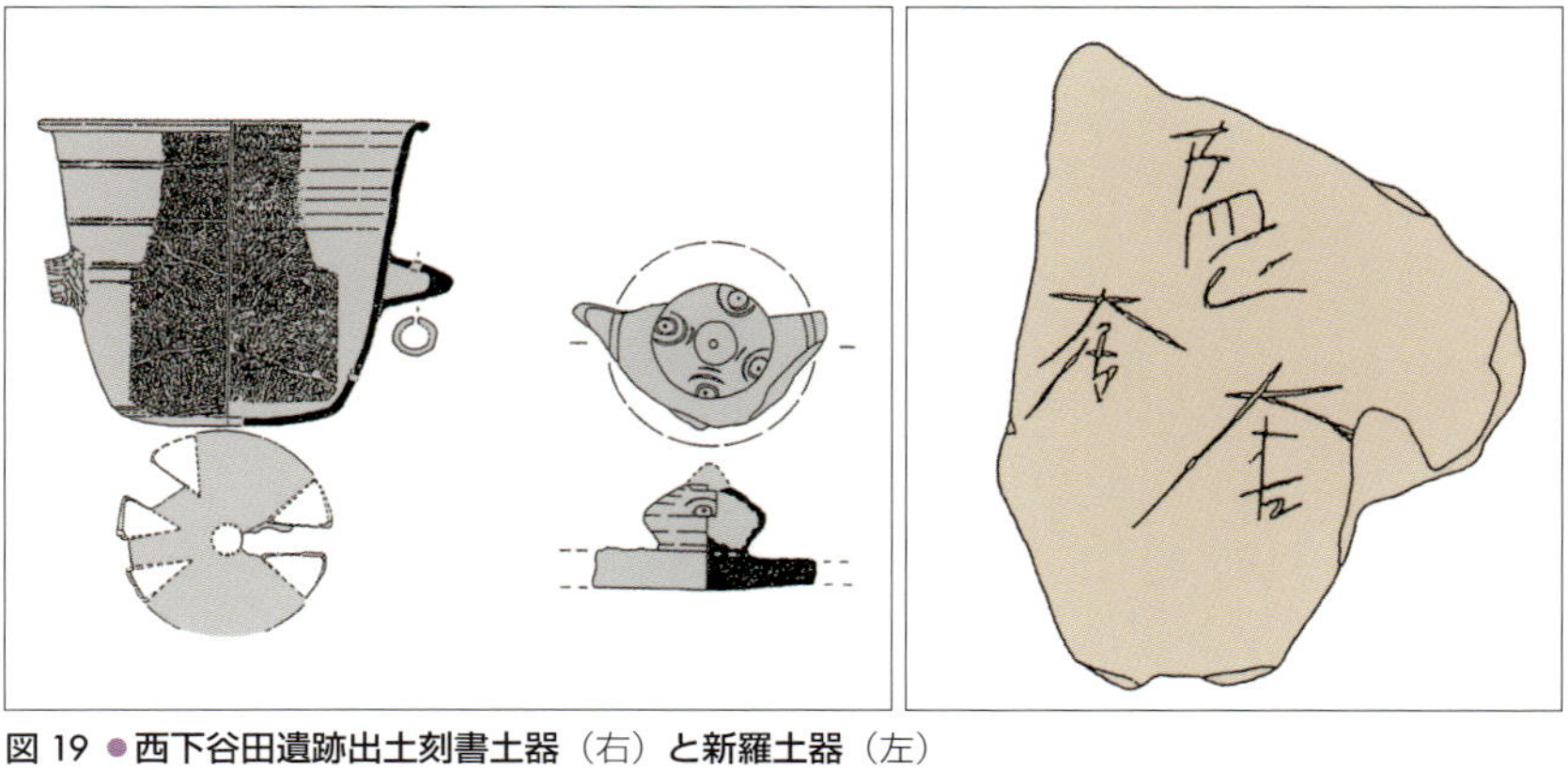

図 19 ● **西下谷田遺跡出土刻書土器**（右）**と新羅土器**（左）
「コ乃岡」は新羅官位十二等の役人の名前であろうか。新羅土器工人が瓦づくりに関与していることから、国内で新羅土器も製作していたことがわかった。

とくに下野国では、国司が常駐する国宰所《くにのみこともちどころ》（のちの国衙）と想定される宇都宮市西下谷《にししもや》田《た》遺跡から新羅土器（図19左）が集中して出土することから、国宰所のような政治的拠点に渡来人を止住《しじゅう》させ、しばらく留め置いたのちに、国内各所に移配した、との考えもある。

その西下谷田遺跡からは、「□乃岡舎」「舎」と刻書された七世紀末葉の土師器杯が出土した（図19右）。田熊清彦《たぐまきよひこ》は、「舎」を大と舎の合字と解し、新羅官位十二等の「大舎」を指す可能性があると指摘する。そうならば、文章や文書行政に秀でた新羅官人が国宰所に居住していたことになる。さらにいえば、文字を書くことや文書行政に優れた渡来人が選抜され、国宰所に移配された可能性もあろう。

いまひとつ、技術面に関して重要なことに、西下谷田遺跡から出土する渡来系技術で製作された平瓦がある。これは、狭端部の凹面にアテ具をおき、凸面を平行叩文で叩きしめた瓦で、広端部の小口には、土器の口唇部と同様のナデが施されている。平瓦凸面の平行叩文や、凹面のアテ具の痕跡などにみられる特徴は、新羅土器の甑《こしき》をつくる道具類や技法と酷似しており、新羅土器の生産者が瓦づくりに参加していたことは間違いない。

新羅の工人の関与

この種の平瓦凸面にみられる格子叩文と一致する瓦は、約一〇キロ南にある下野薬師寺からも出土する。凹面のアテ具と凸面の平行叩文の技法、さらに、焼成・胎土も一致し、西下谷田遺跡の新羅土器の生産者が下野薬師寺の瓦づくりに参画したと考えられる。この瓦は下野薬師寺では、創建期の塔跡から集中して出土する。

また、西下谷田遺跡からは、下野薬師寺一二四型式軒丸瓦が出土する（図20）。この軒丸瓦は下野国府跡からも出土するので、いずれも国段階の施設に供給されたという共通性がある。その一方で、佐野市の三毳山麓《みかもさんろく》窯跡群の古江《ふるえ》・花神《はながみ》窯跡での生産が確認されているので、下野薬師寺の伝統的窯場群である宇都宮市の水道山《すいどうやま》瓦窯（図33参照）およびその周辺の窯場とは生産地が異なる、という現実もある。また、瓦当文様や製作技法についても、下野薬師寺の創建瓦である一〇一型式とは系譜を異にしており、一二四型式軒丸瓦と、それに組み合う瓦群、および新羅土器の技法をもつ瓦は、国宰所が関与して下野薬師寺に供給した可能性が高い。創建期における下野薬師寺は、すでに国家的性格をもっていたことを示すものとして重要である。

このほか、新羅との交流関係がうかがえる遺物として、下野薬師寺の寺院地南東隅に接し、同寺の造営に関連した工人や労働者の飯場的性格をもつ落《おち》

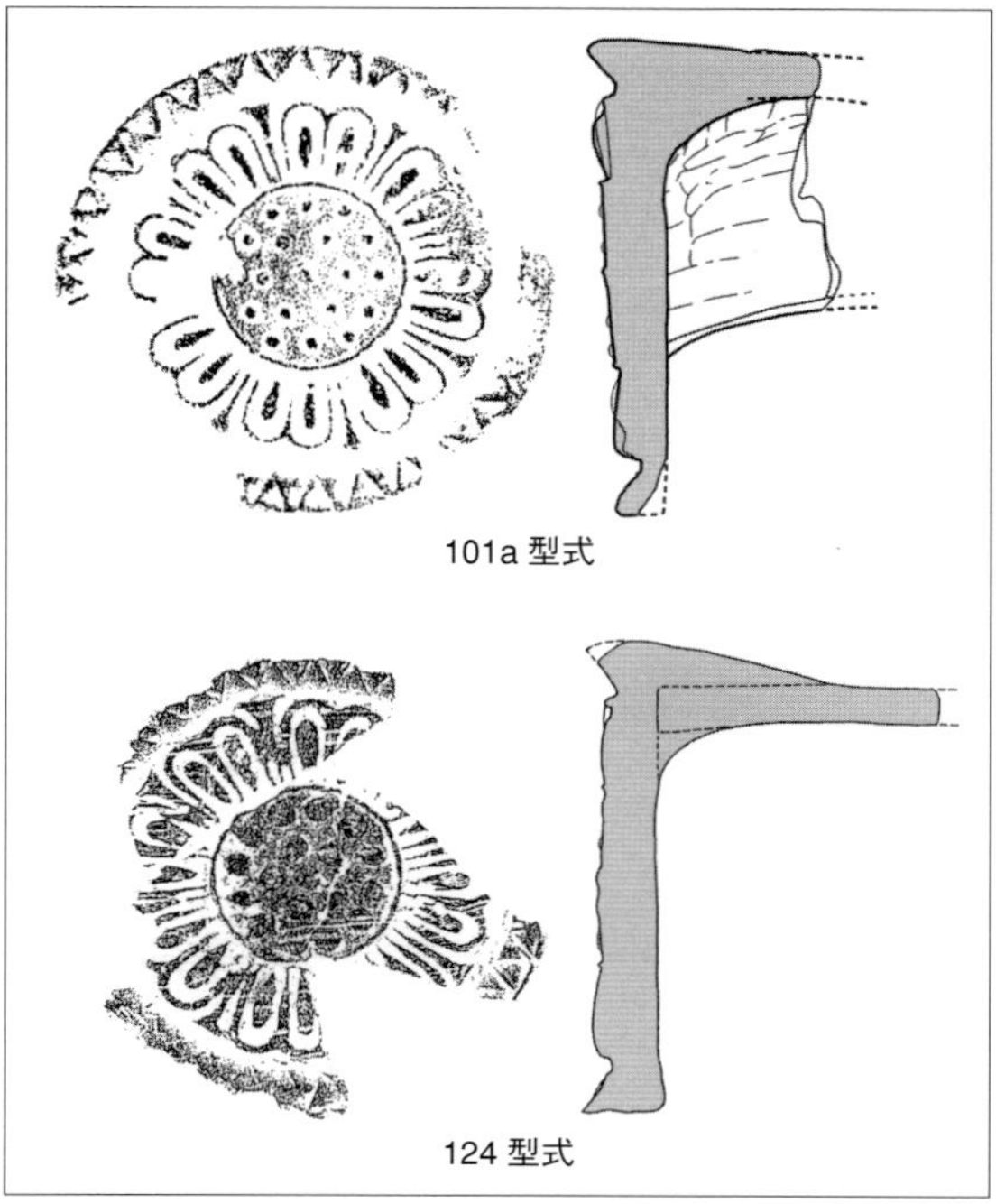

図 20 ● 下野薬師寺の 101・124 型式軒丸瓦
124型式軒丸瓦は、蓮子の配置、蓮弁の形状に相違がみられ、101 型式から継続する下野薬師寺の系譜ではない。創建期に国府が関与したのであろう。

内《うち》遺跡からの出土遺物がある。八世紀中葉から後半頃の新羅土器の盒《ごう》（高台付碗）と把手付《とってつき》小型甕《かめ》である（図21）。下野薬師寺の造営に関する工人のなかに、新羅の工人が含まれていた可能性は高いだろう。

　このように、七世紀後半から八世紀初頭頃の下野国や下野薬師寺には、新羅との関係が濃厚に感じられるが、それはけっして偶然ではない。下野薬師寺の造営にあたっては、着工に先立つ計画や設計の段階から、新羅からの技術者の招聘《しょうへい》も視野に入れて考える必要もあろう。さらに、地方官衙の造営にあたっては、建物の外観上の整備のみならず、その内実を高めるために地方官人としての規範の遵守《じゅんしゅ》や実務事務などに関する養成を必要とした。西下谷田遺跡から出土した線刻文字が、新羅官位十二等の「大舎」の位階をもつ官人を指すのであるならば、国宰所としての機能や実務の向上をはかるために、目的をもって配置された可能性が高い。

　下野朝臣古麻呂は中央の有力政治家として、宗教・実務・技術などのさまざまな分野で高度な思想や技能をもった渡来人を計画的に配備するなど、本貫地である下野国の発展に対し、積極的に寄与したと考えられる。

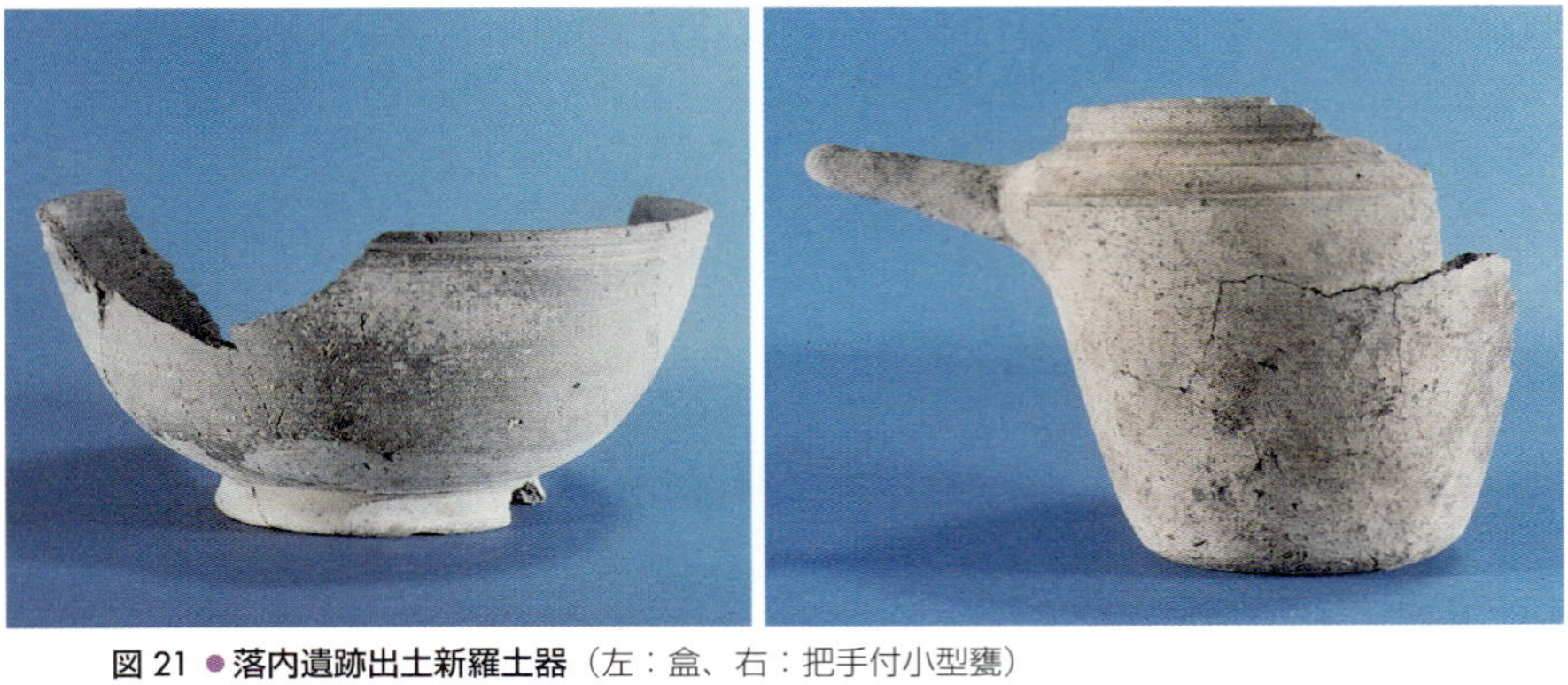

図 21 ● 落内遺跡出土新羅土器（左：盒、右：把手付小型甕）
落内遺跡は、7 世紀後半から 10 世紀前半期の集落で、竪穴建物 150 軒以上、掘立柱建物 7 棟などで構成される。出土した盒には新羅特有の印花文が押されている。

第3章　対蝦夷政策と官寺化

1　坂東・みちのく統括の官寺へ

於伊美吉子首と宗蔵

奈良時代になると、信頼できる史料として「下野国造薬師寺司《しもつけこくぞうやくしじし》」という政府機関が設置されたことがわかる二つの記事があらわれ、官寺としての下野薬師寺の姿が明確にうかがえる。

一つは、七三三年（天平五）の『正倉院文書《しょうそういんもんじょ》』「右京計帳《うきょうけいちょう》」である。この計帳からは、平城京右京三条三坊に本籍をもつ戸主《へぬし》於伊美吉《うえのいみき》子首《こおびと》が、「下野薬師寺造寺工」として下野薬師寺の造営にたずさわっていたことがわかる。子首はそのとき従六位上《じゅろくいじょう》の官位をもち、七九歳という高齢であることから、下野薬師寺を造営する技術者の指導的立場の人物であった。

また、七三八年（天平一〇）の『正倉院文書』「駿河国正税帳《するがのくにしょうぜいちょう》」がある。これは、助僧二人、従者九人を従えた「下野国造薬師寺司」という政府の造寺機関に所属する宗蔵《そうぞう》という僧侶の一行が、駿河国を通過したときの食料支給に関する記録にみえる記事である。そのときの宗蔵一行は総勢一二名であった。この数字は、同じ史料にみえる下野国那須湯《なすのゆ》（那須郡那珂川町の温泉か）の湯治の際に通過した従四位下小野朝臣一行の総勢一三人とほぼ同じ規模であり、造寺司における宗蔵の地位が、別当《べっとう》（長官）クラスであったことがわかる。

　僧侶としての宗蔵の地位が、俗官である小野朝臣の従四位下とほぼ同位とすると、造営官司としての四位の位は、造宮省の歴代の造宮卿の位に匹敵する。造寺司の別当としては、七二三年（養老七）二月、元正《げんしょう》天皇の勅を奉じ、造筑紫観世音寺別当として就任した沙弥満誓《しゃみまんぜい》がいる。満誓は俗名を笠朝臣麻呂《かさのあそみまろ》といい、そのときの官位が従四位上であるので、下野国造薬師寺司別当と目される宗蔵も、ほぼ同位の人物と想定できる。それは、筑紫観世音寺が西海道九カ国を代表する寺院であるのに対し、下野薬師寺は坂東八カ国に陸奥・出羽二国を加えた一〇カ国の寺院・僧尼を統括する寺であるからである。

　その点で重要なのは、「下野国造薬師寺司」に任じられた別当が、俗官ではなく僧侶であることである。造寺司別当としての宗蔵の使命には、下野薬師寺の造営を推進するだけではなく、東国一〇カ国における既存寺院の整備や、新造寺院の造営に対する推進などを含めた仏教全般に対する役割が課せられていた。この造営官司は、七七〇年（宝亀元）八月、道鏡が下野薬師寺に配流されたときも「造下野国薬師寺別当《ぞうしもつけこくやくしじべっとう》」の職名で赴任しているので、奈良時代を通して設置されていた組織であろう。

墾田五百町

七四九年（天平《てんぴょう》勝宝元《しょうほう》）七月一三日、平城京四大寺（元興寺、大安寺、薬師寺、興福寺）をはじめとする寺院に対し、所有できる墾田《こんでん》の限度枠を定めた法令が発令された（『続日本紀』）。この法令は、七四五年（天平一七）の墾田永年私財法の制定以来、貴族や豪族などの有勢者や、寺院などによる墾田開発が各地で進み、墾田獲得が争いごとに発展している状況に対し、歯止めをかけることを目的とした政策である。それと同時に、墾田の所有限度額の面積により、国立寺院とそれに準ずる寺院の寺格が定められることになった。諸寺に認められた墾田面積の限度額は、つぎのようになる。

四千町　大倭国国分金光明寺（東大寺）
二千町　元興寺（平城京内）
一千町　大安寺、薬師寺、興福寺、大倭国法華寺（以上、平城京内）
　　　諸国国分金光明寺（国分寺）
五百町　弘福寺《ぐふくじ》（大和・川原寺）、法隆寺（西院伽藍）、四天王寺（摂津）、崇福寺（近江）、新薬師寺（大和）、建興寺（大和・豊浦寺《とゆらでら》）、下野薬師寺、筑紫観世音寺
四百町　諸国法華寺（国分尼寺）
一百町　定額寺《じょうがくじ》（寺院経営に対し、国家から一定の財政援助が与えられた寺）

大和国の国分寺である東大寺は、四千町歩の別格として格付けされ、大和国の国分尼寺（大和法華寺）と諸国国分寺も、平城京四大寺と同格にあつかわれるなど、全体的にみて国分寺に

対する評価が高く格付けされている。

七四九年七月一三日に出された太政官符については、同年四月一日の聖武天皇の詔書に「寺々の墾田地を許し奉れ」(『東大寺要録』)とあることから、この詔に発端があるとされる。

この七月一三日は、聖武天皇が東大寺に行幸し、盧舎那《るしゃな》大仏の前面でみずからを「三宝の奴」と称し、さらに盧舎那大仏に塗金するための黄金が陸奥国から産出したことを仏に感謝する、という大規模な国家的儀礼がとりおこなわれた日であった。「寺々の墾田地を許し奉れ」という詔書が同じ日に出されたことは重要である。佐藤信は、この墾田地設定の背景には、鎮護国家のための仏教を重視する姿勢を読みとるべきだと指摘する。

七四九年は、政府の大きな関心事であった東大寺と国分寺の造営が、まさに本格化しようとする時期にあたる。東大寺を四千町歩と破格のあつかいにし、さらに大和法華寺と諸国金光明寺を、平城京四大寺である大安寺・薬師寺・興福寺と同格にしたのは、東大寺(盧舎那仏)を中心に、国々に国分寺(釈迦仏)を配し、日本の国土を仏教によって荘厳しようとした姿勢がみられるのである。

そうしたなかで、下野薬師寺は法隆寺・四天王寺・新薬師寺などとともに、五百町歩もの墾田が認められ、国家的寺院として国家の仏教の枠組みのなかに組み込まれた。のちに戒壇が置かれる東国の下野薬師寺と西海道の筑紫観世音寺のみが、畿外の寺院としては破格のあつかいを受けたのである。

次節では、文献史料にあらわれる以上のことを、考古学から追究してみよう。

2　瓦が語る官寺昇格の年代

下野薬師寺が官寺に昇格した年代は、いつだったのだろうか。先にも述べたように、同寺の官寺昇格がわかるもっとも古い史料は、七三三年（天平五）までさかのぼる。しかし、それ以前の状況については、考古学的な分析に頼らざるをえない。

下野薬師寺の官寺昇格時に新たに使用された軒先瓦（図22右）の笵型は、平城京興福寺《こうふくじ》の六六八二D（図23）をモデルとして製作され、下野薬師寺で使用したのち、再び興福寺に戻されているのである（図22左）。

興福寺の瓦

下野薬師寺で新たに使用された軒平瓦の祖型となった瓦は、興福寺の中金堂院の回廊に使われた瓦であった。この軒平瓦には、両脇区を珠文の位置で切り落した瓦（六六八二Dロ）と、通常の寸法のままの瓦（六六八二Dイ）の二種がある（図23）。両脇区を切り落とした瓦の笵型には、二カ所に笵傷が認められることから、通常の瓦→両脇区を切り落とした瓦の順で製作さ

興福寺の瓦　　下野薬師寺の瓦

図22 ● 興福寺の軒先瓦と官寺昇格時に新たに使用された下野薬師寺の軒先瓦
下野薬師寺と興福寺から出土する軒先瓦は同笵であるが、右が古く左が新しい。

れたことがわかる。また、通常の瓦は、興福寺中金堂院の東南回廊付近から集中的に出土し、両脇区を切り落とした瓦は北円堂付近からまとまって出土するなど、出土地点が異なっている。その一方で、この二種の軒平瓦の顎部《あごぶ》には、軒先瓦を支える部材である茅負《かやおい》（図7参照）に塗られた同色の丹がベッタリと付着する点が共通する。このため、使用された建物は異なるが、一連の造営計画のなかで用いられていたことがわかる。

　そうした興福寺での出土地点の相違や顎部の丹の付着状況を検討すると、北円堂の創建期に使用された軒平瓦は、両脇区を

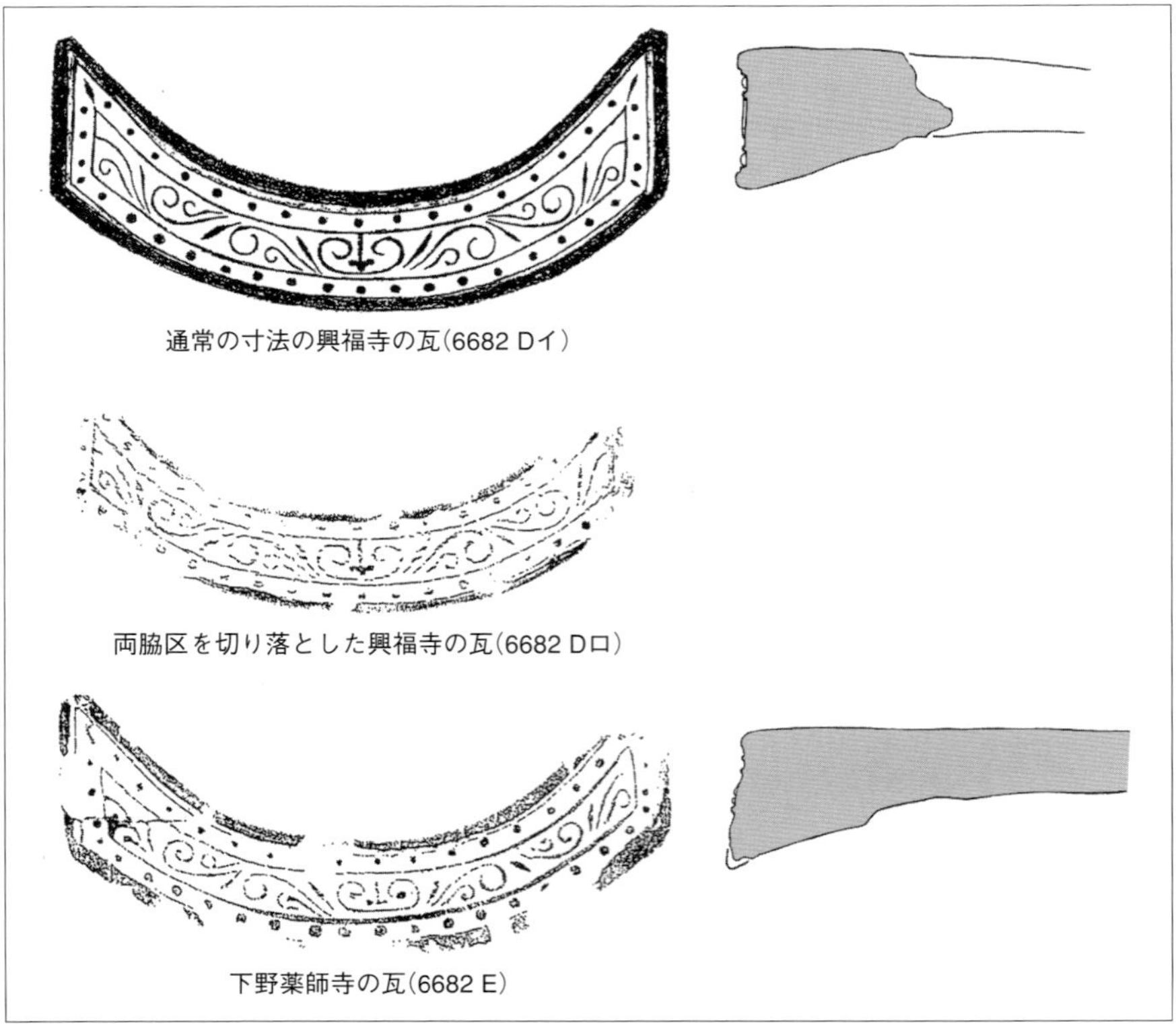

通常の寸法の興福寺の瓦（6682 Dイ）

両脇区を切り落とした興福寺の瓦（6682 Dロ）

下野薬師寺の瓦（6682 E）

図 23 ● 興福寺の軒平瓦と下野薬師寺の軒平瓦
興福寺 6682 Dイ軒平瓦をモデルとして、下野薬師寺向けに 6682 Eの笵型がつくられる。6682 Eの笵型は興福寺の資財なので再び興福寺に戻され、神亀年間から天平初年頃（724–730 年前後）に興福寺や播磨国府などで使用された。

切り落とした瓦であった可能性がきわめて高い。両脇区を製作時に切り落としたのは、八角円堂という特殊な屋根構造の軒先に合わせて製作したからであり、丹の付着は、北円堂の新造時に使用したことを意味する。

一方、中金堂院の東南回廊付近から集中して出土する通常の瓦には、笵傷が認められないので、中金堂は北円堂の造営に先行したことが確実である。

藤原不比等の死と二つの史料

七二〇年（養老四）八月三日に藤原不比等が没し、同年一〇月一七日に興福寺（図24）の造営を進めるための造営官司である「造興福寺仏殿司《ぞうこうふくじぶつでんし》」が設置されたことが『続日本紀』にみえる。

一方、『興福寺流記《こうふくじるき》』は、元明《げんめい》太上天皇と元正天皇により、不比等の一周忌に合わせて北円堂を造営することが長屋王《ながやおう》に命じられ、忌日にあたる七二一年（養老五）八月三日に完成したことを伝える。この記事は、長屋王個人に命じたのではなく、政権の首班たる長屋王に造営を担当させたものと寺崎保広《てらさきやすひろ》は指摘する。事実、長屋王邸からは鋳銅に関する遺物が出土し、六六八二Dの軒瓦は藤原氏関係の瓦窯の技法と同様であるので、藤原武智麻呂《ふじわらのむちまろ》が関係したのであろう。

この二つの記事は、不比等の一周忌をめざし、いずれも国家的事業として造営が進められたことを示すが、『続日本紀』が記す「仏殿」と、『興福寺流記』にみられる「北円堂」とは、本来、別々の建物の造作を指していた。

このことを興福寺出土の軒平瓦からいえば、通常の寸法の軒平瓦（六六八二Dイ）は、もともと北円堂に使用する目的で製作されたものではなかった。「造興福寺仏殿司」が設置されたことにより、藤原不比等の一周忌までに完成することを目指して、瓦当文様は大安寺の軒平瓦をモデルとし、藤原氏関係の瓦窯で中金堂院に使用する目的で生産された。

しかし、興福寺から出土する通常の軒平瓦（六六八二Dイ）の数は少なく、出土地点もきわめて限られるので、不比等が死去した七二〇年八月の段階での興福寺中金堂院は、完成間近の段階にあったと思われる。この軒平瓦は、回廊南東隅部の廃棄土坑よりわずかに出土するにすぎず、この段階での回廊は一部の造営を残すのみであったと

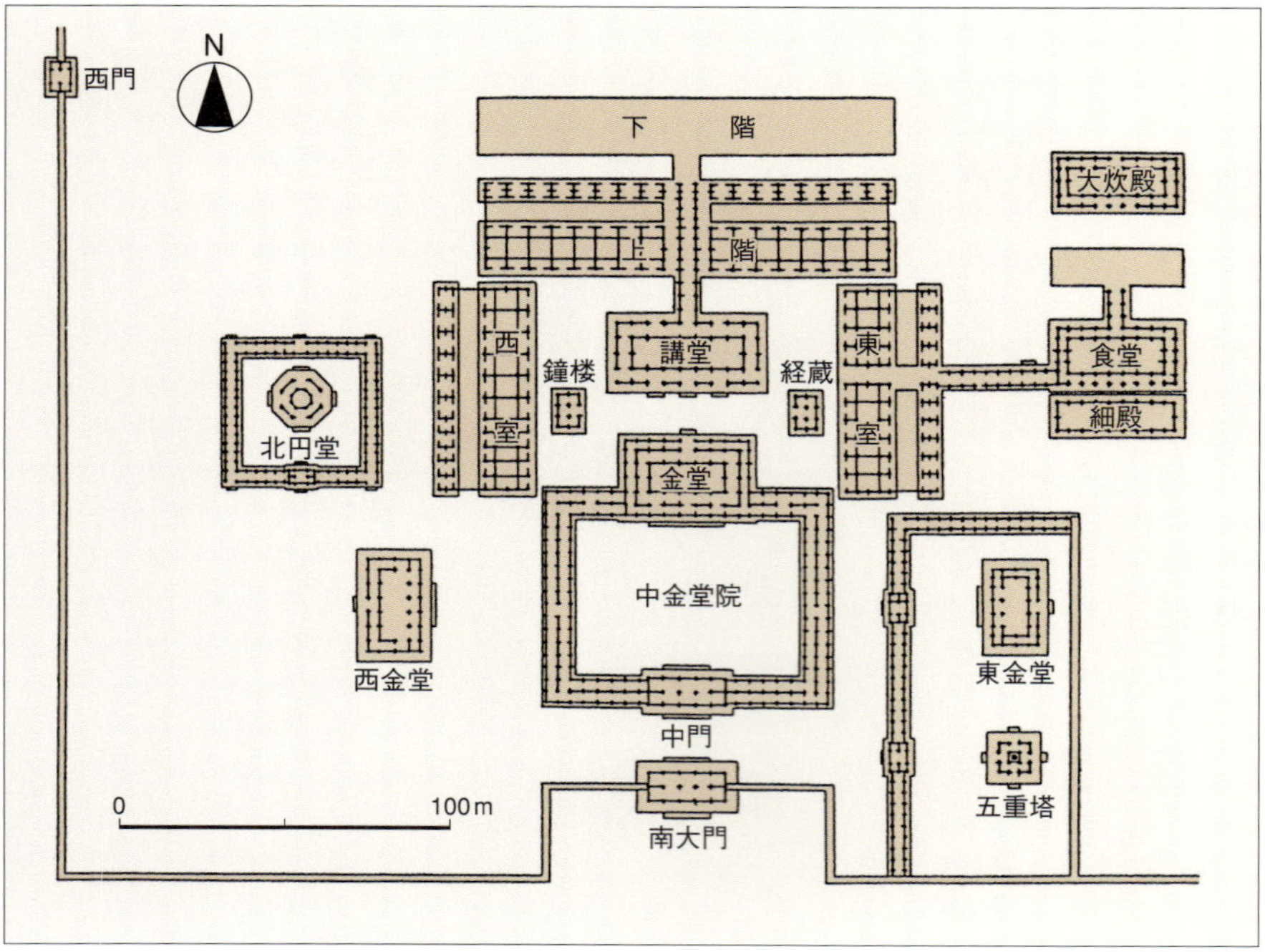

図 24 ● 興福寺伽藍配置復元図
回廊内に置かれた塔を外に出し、金堂前面の儀式空間を広くとった新型式の伽藍。
東金堂院は聖武天皇、西金堂は光明皇后による造営である。

想定できる。

先に述べたような笵傷の有無により、通常の軒平瓦が先行し、両脇区を切り落とした瓦の一群が後に製作された事実から、まず、前者の軒平瓦（六六八二Dイ）を用いて造営途中の中金堂院の回廊の造営を優先させ、その後、同じ瓦工人によって、北円堂の新造に向けて両脇区を切り落とした瓦（六六八二Dロ）が生産されたと考えて間違いない。

下野薬師寺の官寺昇格の年代

七二〇年一〇月の「造興福寺仏殿司」の設置によって、造営途中であった興福寺中金堂院の造営が引きつがれ、その後、長屋王や藤原武智麻呂などにより、新たに北円堂の造営がおこなわれた。このことから、両脇区を切り落とした瓦（六六八二Dロ）の生産は、不比等の一周忌にあたる七二一年八月三日までには終了したことになる。

下野薬師寺の瓦は、この中金堂と北円堂の瓦をモデルとして笵型がつくられたばかりでなく、両者の製作技法はまったく同じなのである。北円堂の完成後、その軒平瓦を製作した瓦工人は、下野薬師寺向けに新調した笵型をたずさえ、官寺に昇格した下野薬師寺の造寺機関までやって来て、下野薬師寺の瓦を製作したのである。

興福寺から派遣された瓦工人は、下野薬師寺の官寺化にともなって改造された中金堂の瓦と、すでに完成していた塔の補修瓦を製作し、再び興福寺に帰るまで、下野薬師寺の造寺機関に所属した。その時期、すなわち、下野薬師寺の官寺化の年代を、七二二年（養老六）頃と考えたい。下野薬師寺に対し、そうした特別の措置をとった人物は、当時、造宮卿《ぞうぐうきょう》として平城宮内裏の改造と興福寺の造営も進めていた藤原武智麻呂であった、と山崎信二《やまさきしんじ》は指摘する。

3 新たな伽藍造営

前章で述べたように、下野薬師寺の創建から、七二二年(養老六)頃の官寺化に至るまでに造営された建物とその順序は、創建中金堂→創建塔→東金堂→西金堂であることが判明している。官寺化以前の伽藍は、造営の開始から七二二年頃までの間に、創建中金堂・創建塔・東金堂が完成し、西金堂が造営途中であったことが、瓦の分析から確定している。

創建中金堂の改築

下野薬師寺の官寺化にともない、まず創建期の中金堂が改築された。新中金堂の基壇は、東西三八・六メートル(一三二尺)、南北一八・七メートル(六四尺)の東西に長い平面形態をもち、版築土中には創建期に使用された瓦や凝灰岩片が混入していた。土層は大別して四層、細別すると四六層に分かれ、強固につくられていた(図25)。

建物平面は九間×四間で、桁行《けたゆき》総長が三三・六メートル(一一五尺)、柱間《はしらま》寸法は、中央の七間が各三・九メートル(一三・四尺)である。梁行《はりゆき》総長は一三・八メートル(四七尺)で、中央の二間が各三・九メートル、両脇間が二・九メートル(九・九尺)の比較的単純な構造の建物である（図26）。

興福寺の寺院組織に所属した瓦工人は、軒丸瓦と軒平瓦の笵型をたずさえて下野薬師寺にやって来たが、生産した瓦のおもな供給先は、旧中金堂を改築した新中金堂であった。つまり、興福寺から招かれた瓦工人は、新中金堂を造営するために来たことになる。

しかし、新中金堂の屋根瓦をみると、興福寺から来た瓦工人が製作した軒平瓦は、約一四〇点以上出土するのに対し、軒丸瓦（六三〇七J、図22右上）はわずか一点のみであった。実際には、下野薬師寺が官寺化する以前に塔や東金堂に使用した一〇四型式の笵型（図11参照）が使われたのである。

つまり、創建期から下野薬師寺の造営を進めてきた瓦工人が軒丸瓦と丸瓦をつくり、興福寺から招聘された瓦工人が軒平瓦と平瓦をつくった。下野薬師寺の官寺化にともなう新中金堂の造営は、二つの瓦生産組織によって進行したのである。

図25 ● 新中金堂基壇の土層
基壇版築は、塔・講堂より丁寧につくられていた。
基壇積土内からは創建期の瓦や凝灰岩片が出土。

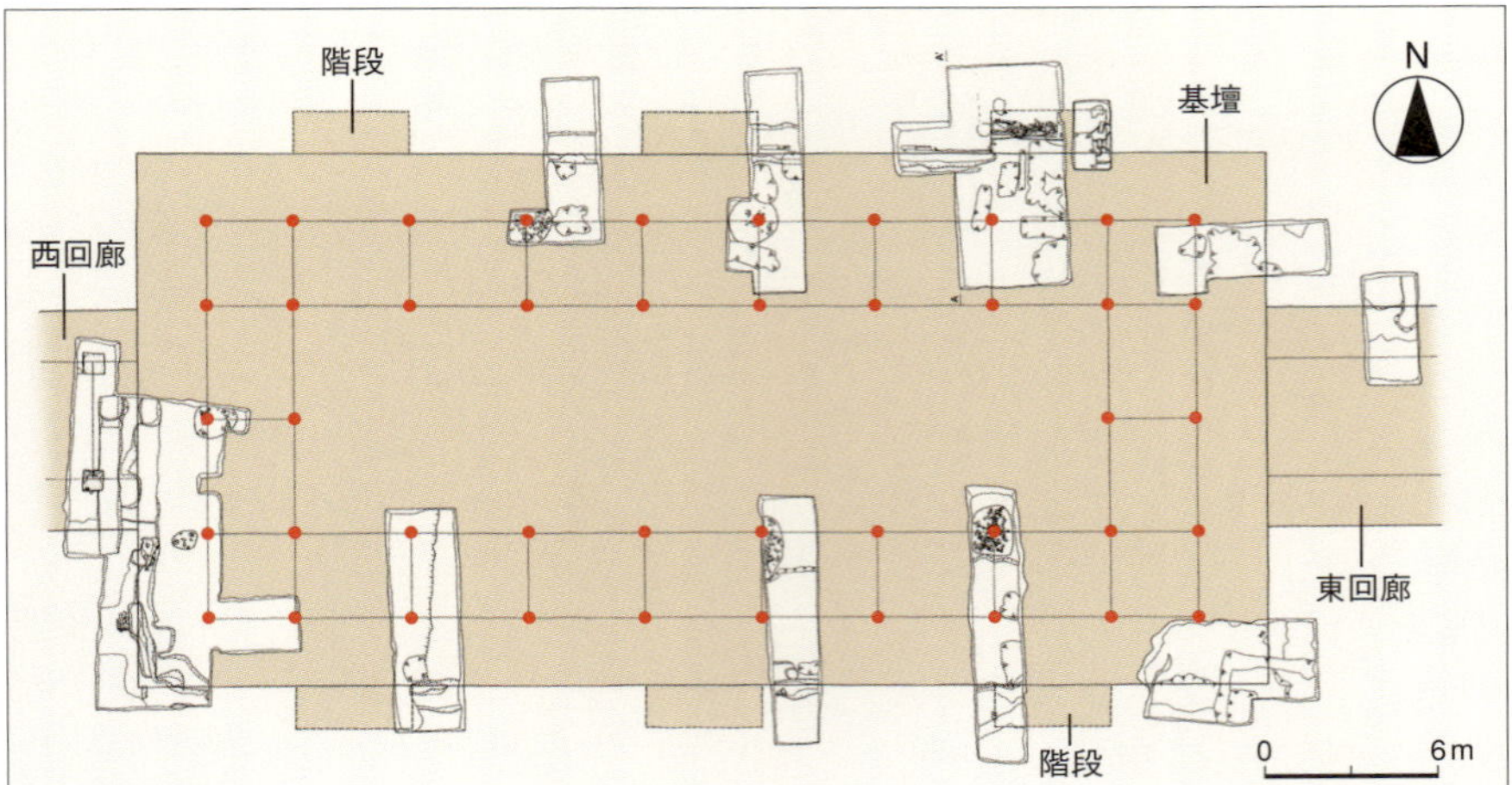

図 26 ● **新中金堂**

復元図の中金堂は桁行が 7 間に復元されているが、実際は桁行 9 間の平城京官寺に匹敵する大型の金堂であった。階段は正面・背面とも三カ所であろう。

興福寺の瓦工人は、改築した新中金堂の瓦の生産が終了した段階で、本属である興福寺に帰還した。そのさい、興福寺から持参した軒丸瓦と軒平瓦の范型は、本来、同寺が所有する資財なので、本属である興福寺にもち帰ったのである。

その後、神亀《じんき》年間から天平初年（七二四〜七三〇年）頃に、興福寺の補修瓦や播磨《はりま》国府《こくふ》推定地である兵庫県の本町《もとまち》遺跡、播磨《はりま》溝口廃寺《みぞぐちはいじ》、大阪府の船橋《ふなばし》廃寺などの瓦を製作するために、興福寺が所有する軒丸瓦と軒平瓦の范型が再びもち出される。しかし、そのときの軒平瓦の顎《あご》の形態は、曲線顎《きょくせんあご》に変化したものであった（図27）。曲線顎の瓦は、当時の最新の技術によってつくられ、平城宮や京内寺院で用いられた形態が、早い時期に下野薬師寺へも導入され、講堂の造営時に使用されたのである。

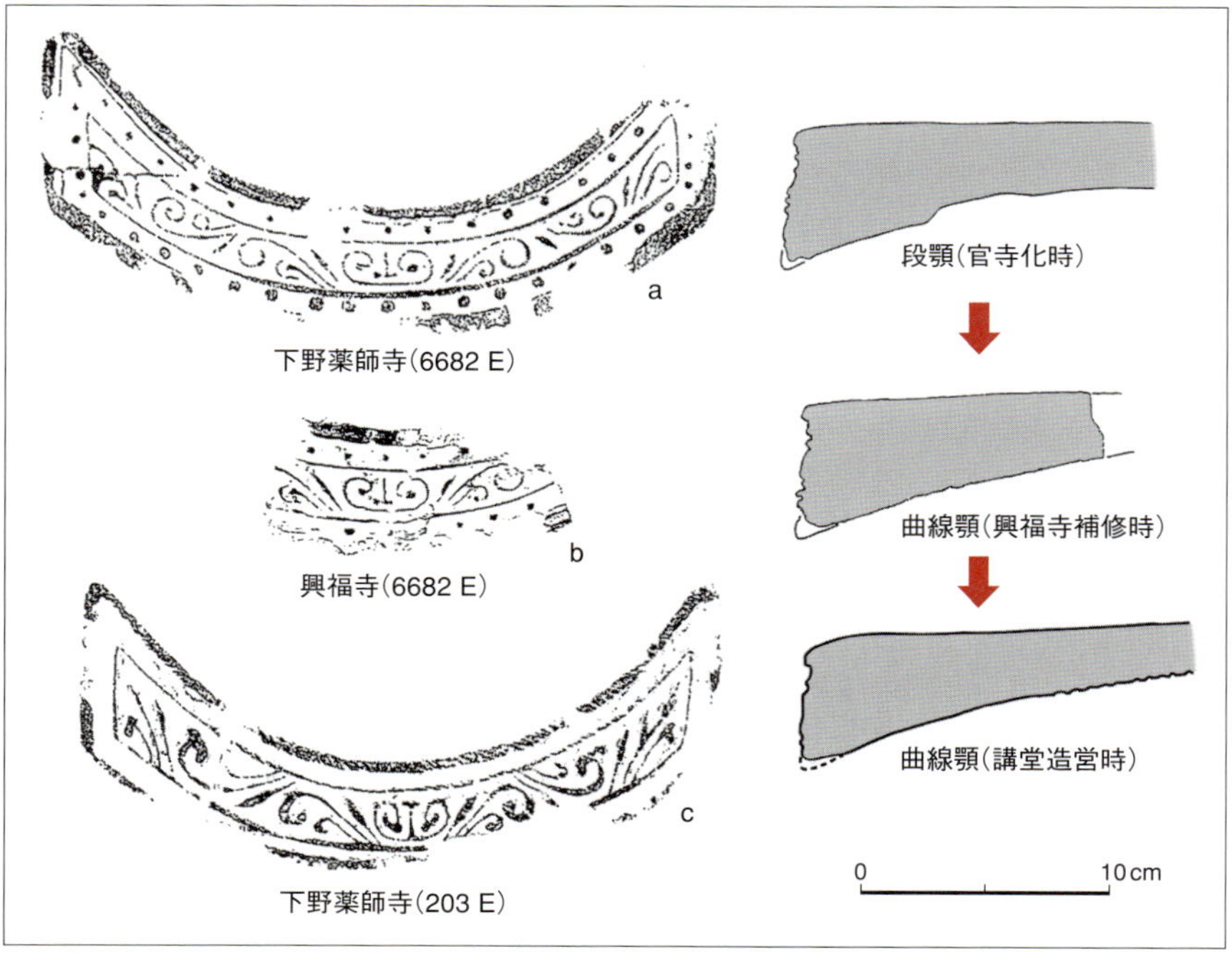

図27 ●軒平瓦の顎の形態
aは養老6年（722）頃、bは神亀年間から天平初年（724－730）頃、cは天平5年から天平10年(733－738)頃と考えられる。

北面回廊と西面回廊

回廊は瓦葺の単廊である（図28〜30）。軒先の端から端までの距離は、東西約一一二メートル、南北約一〇七メートルと、東西・南北とも一〇〇メートルを超える。中金堂西側の北面回廊は、総長三二・一メートル（八間、一一〇尺）で、桁行寸法は四・〇九メートル（一四尺）と三・七九メートル（一三尺）の部分とがある。梁行《はりゆき》は四・〇九メートル（一四尺）の等間《とうま》である。

北面回廊の主要な軒先瓦のうち軒丸瓦の一〇四c型式（図11参照）は、中金堂に供給されたものが継続して生産され、笵傷の進行から、中金堂のつぎに北面回廊の造営に移ったことがわかる。

西面回廊は二四間で、総長は一〇一・七メートル（三四八尺）である。桁行柱間寸法には一三尺・一四尺・一五尺があり、中央の柱間が一五尺の部分に回廊に開く門が設けられていたようだ。柱間の正確な数値からみて、造営技術の水準はきわめて高い。

軒先瓦は、官寺化以後の軒丸瓦と軒平瓦の組み合わせと、創建期以来の軒丸瓦と軒平瓦の組み合わせとがあり、二つの造瓦組織によって生産がおこなわれたことがわかる。瓦の総量から分析すると、創建段階からのグループの瓦生産が、官寺化以後のグループの生産を上回る。西面回廊は、南北長（軒先の端から端までの距離）が約一〇七メートルあるので、金堂や講堂に使用する瓦の量よりもはるかに大量の瓦を必要とする。そうした工事を遅滞なく進めるために、造瓦組織の拡充が図られたのであろう。

◀**図 28 ● 回廊**
西回廊のほぼ全体を確認した。北側は金堂に、南は中門に接続する。
森の中に六角堂の屋根がみえる。その下層には西金堂の基壇がある。

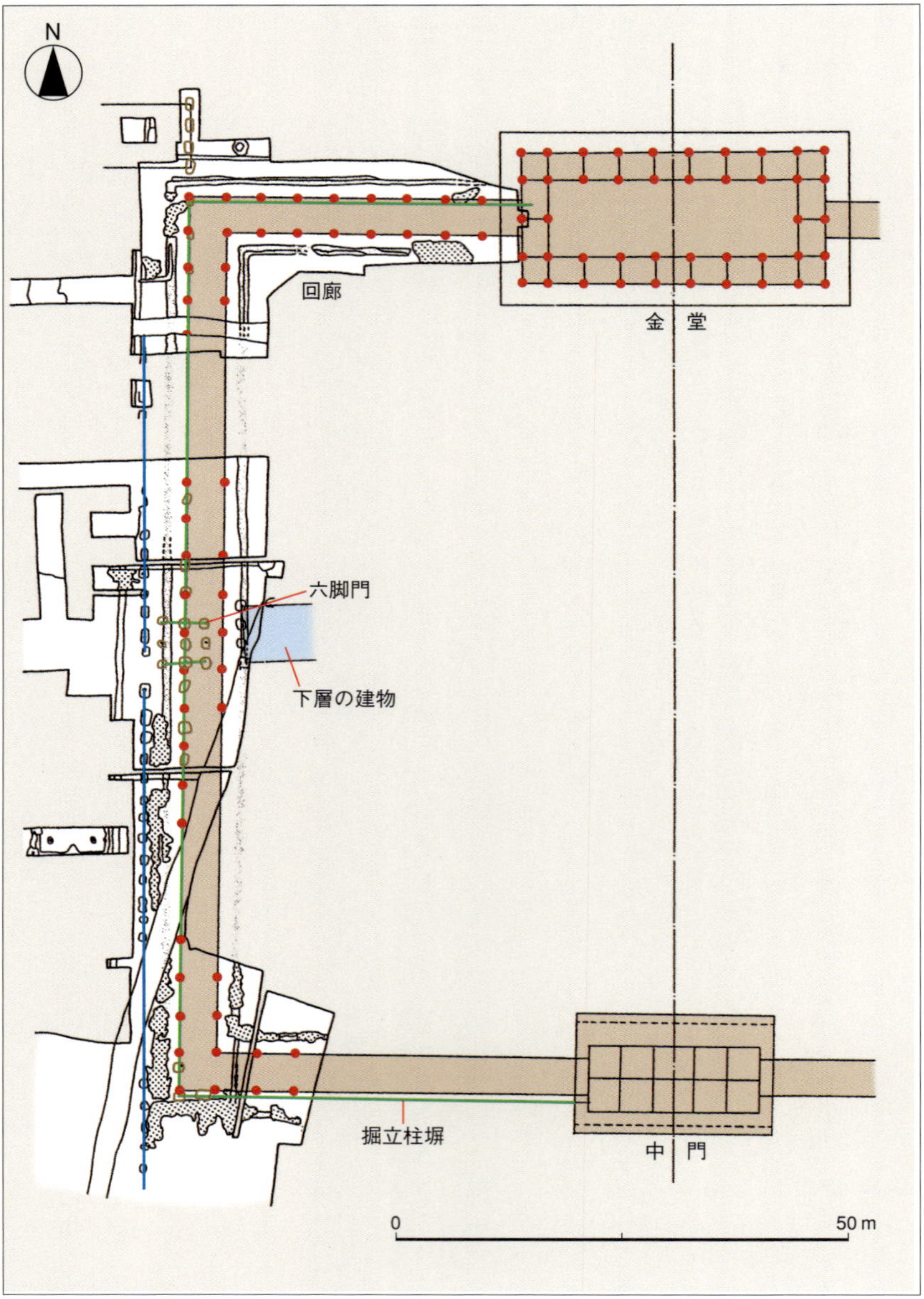

図 29 ● 回廊平面図

瓦葺回廊の下層に六脚門と掘立柱塀、それ以前の掘立柱塀がある。六脚門の東の掘立柱建物は下野薬師寺が造営される以前の建物で、下毛野氏の居宅の一部の可能性がある。

図 30 ● **北面回廊の遺構**（上）**と復元された北西隅部の回廊**（下）
北面回廊には、金堂との接続部に唯一残された礎石がみえる。白線部は回廊雨落溝。
回廊面の上には大量の焼土が広がり、金堂から類焼した火災のはげしさを物語る。

講堂

下野薬師寺の官寺化にともない、新たに造営された建物である（図31）。基壇築成にあたっては、地山をローム層上面まで掘り込み、版築層は最大で七層を数える。金堂とくらべるとはるかに簡易な基礎工事である。基壇の平面規模は、東西三八・六メートル（一三二尺）、南北一八・七メートル（六四尺）で、基壇の出は二・四八メートル（八・五尺）である。中金堂と講堂の心心間距離は二九・二メートルで一〇〇尺の完数値となり、両建物が計画的に建てられたことがわかる。

建物平面は九間×四間で、中金堂と同規模である。桁行総長は三三・六メートル（一一五尺）、柱間寸法は中央七間が三・九七メートル（一三・六尺）、両脇間《りょうわきま》が二・九二メートル（一〇尺）である。梁行総長は一三・八メートル（四七尺）、中央二間が三・九七メートル（一三・六尺）、両脇間が二・九二メートル（一〇尺）なので、中金堂の規模と一致する。また、基壇を掘り込み、整然と並んだ足場丸太《あしばまるた》の痕跡を確認した（図32）。

下野薬師寺の官寺化以降の造営を考えるうえで、講堂の軒先瓦について二つの注目すべきことがある。

ひとつは、造寺司で作笵された下野薬師寺式というべき軒平瓦の顎の形態が、段顎《だんあご》から曲線顎に変化したことである（図27）。この曲線顎は、都での変化を正しく踏襲しているので、講堂の造営時期、すなわち七三〇年代の中頃に至ってもなお、下野薬師寺は興福寺との関係を保っていたことがわかる。

POST CARD

おそれいりますが
５０円切手を
お貼り下さい

113-0033

東京都文京区本郷
2-5-12
新泉社

読者カード係 行

ふりがな		年齢	歳
お名前		性別	女 · 男
		職業	
ご住所	〒　都道府県　区市郡		
お電話番号	－　－		

◉アンケートにご協力ください

・ご購入書籍名

・本書を何でお知りになりましたか

□ 書　店　□ 知人からの紹介　□ その他（　　　　　　　　）

□ 広告・書評（新聞・雑誌名：　　　　　　　　）

・本書のご購入先　□ 書　店　□ インターネット　□ その他

（書店名等：　　　　　　　　）

・本書の感想をお聞かせください

＊ご協力ありがとうございました。このカードの情報は出版企画の参考資料、また小社から新刊案内のお知らせ等の目的以外には一切使用いたしません。

◉ご注文書（小社より直送する場合は送料1回290円がかかります）

書　名	冊　数

図 31 ● **講堂**
金堂・講堂の平面が同規模で建てられ、しかも桁行 9 間の大型建物は、
律令政府の東国政策に対する意気込みを象徴しているようにみえる。

いまひとつは、創建期からの瓦生産がみられなくなることである。下野薬師寺の官寺化以降、もっとも急ピッチで造営事業が進んだのは、回廊・僧房・西門であった。その造営に際しては、創建期からの生産組織と官寺化以降の組織とが合同で瓦生産にあたっていたが、講堂の造営の段階では、一つの生産組織にしぼられている。講堂の造営をもって伽藍中枢部の造営が一段落するという認識があったからであろう。

南門と寺院地の掘立柱塀

南門の基壇規模は東西一五メートル、南北は、寺院地区画施設の一本柱塀の取り付き部が確認できたので、約一〇メートルに復元することができた。

南門の軒先瓦は、従来からの宇都宮市水道山《すいどうやま》一・二号窯（河内郡）と、新たに小山市乙女不動原《おとめふどうはら》瓦窯（寒川《さむかわ》郡）で生産される（図33）。乙女不動原瓦窯は、古代でもっとも発達した瓦専用窯である四基のロストル式平窯からなり、二基単位で操業した。

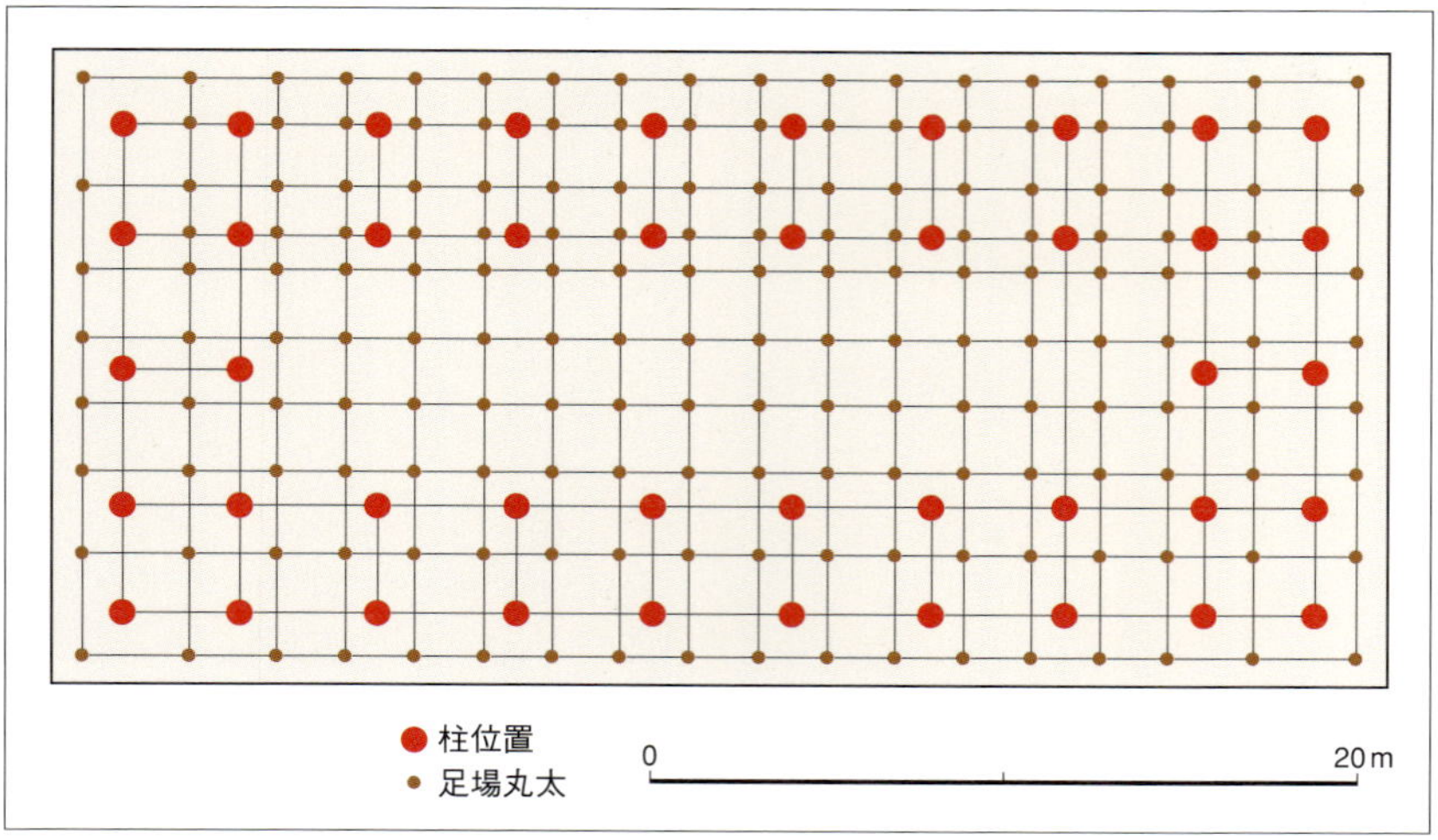

図 32 ● **講堂の丸太跡復元図**
建物を建て上げる際には足場丸太を組み、それに板を渡して作業場を確保し、部材を組み立てる。足場柱穴がこれほどみごとに確認された例は珍しい。

南門では、水道山瓦窯で生産された軒丸瓦と、乙女不動原瓦窯産の軒平瓦が供存するので、両窯から瓦の供給を受けていたことがわかる。

一方、乙女不動原瓦窯産の型押文と同文の軒平瓦は、下野国分寺の金堂跡からも出土する。したがって、乙女不動原瓦窯の古い段階の窯は、下野薬師寺の南門と下野国分寺金堂の双方に瓦を供給していたのである。

下野薬師寺の寺院地の区画施設は、板葺掘立柱塀→瓦葺掘立柱塀→溝？→大溝の順で変遷した。このうち、最初の板葺掘立柱塀と瓦葺掘立柱塀の柱掘方は、ほぼ同位置で建て替えられているので、下野薬師寺の寺院地は、最初に設置された板葺掘立柱塀が基準となって変遷した。

その成果から、中軸線上の南北長が約三

水道山瓦窯出土軒先瓦　　乙女不動原瓦窯出土軒先瓦

図33 ● 水道山瓦窯（左）**と乙女不動原瓦窯**（右）
水道山瓦窯は地下式登窯が3基。1・2号窯が下野薬師寺に、3号窯が下野薬師寺と国分寺に供給。新しく技術が導入された乙女不動原瓦窯も下野薬師寺と国分寺に供給した。

四〇メートル、東西長が約二五六メートルとなり、まさに国の大寺《おおでら》としてふさわしい規模であった。瓦葺板塀の柱間寸法は一〇尺等間なので、そのときの一尺の長さは二九・七センチとなる。古代の一尺には、ばらつきがあった。

瓦葺掘立塀で使用した軒先瓦は、軒丸瓦のみで軒平瓦はみられない。しかも、軒丸瓦は寺院地の区画施設の南面からのみ出土することから、寺院の正面を飾ることが意識されていたとわかる。ここで使われた軒丸瓦は、乙女不動原瓦窯の後半に属する二基の窯で焼成された製品である。下野国分寺の編年では、Ⅰ－一期後半の七重塔の造営段階と併行する時期に相当するので、年代は、天平勝宝年間（七四九～七五六年）の前半頃に位置づけられる。

官寺化以後の造営過程と興福寺

先にも述べたように下野薬師寺は、創建期からの国家的性格を継承し、七二二年（養老六）頃に官寺に昇格した。下野国には、下野薬師寺の造営を進めるための「下野国造薬師寺司」という公的造寺機関が設置され、大和興福寺からの技術的援助を受けて、中金堂の改築から始められた。そして創建期からつづいた造瓦体制と、官寺化以後に新たに編成された体制という二つの生産体制を組み合わせることで、新中金堂→北面回廊→西面回廊→僧房・推定西門の順序で主要建物の造営が進行していった。

主要堂宇のなかで、最後に造営されたのは講堂である。その造営には、都の新たな技術の導入がおこなわれ、曲線顎の軒平瓦が採用された。官寺化以降、瓦に関する三度目の技術導入であり、いずれも興福寺の造寺組織が関与したのであろう。その年代は、顎形態の特徴などから、七三〇年代の中頃と考えられる。七二二年頃に造寺機関を設置してから十数年の間に、中金堂・回廊・僧房・推定西門などの建物が造営されたことになる。

下野薬師寺の造寺組織が大きく転換するのは、造寺に関する公的機関が設置された時期からであり、その際、興福寺の新しい技術が導入された。この時期を七二二年（養老六）頃と考えると、「右京計帳」にみられる七三三年（天平五）の段階で七九歳であった於伊美吉子首が下野国薬師寺の造寺機関に赴任したのは、六八歳の頃と推定できる。興福寺との関係がきわめて強いことを考えると、藤原武智麻呂と人脈が通ずる人物であり、子首自身も、もともと興福寺の寺院組織に属していた可能性がある。

いまひとつ、『正倉院文書』「駿河国正税帳」の下野国造薬師寺司に属する宗蔵が駿河国を通過した記事であるが、この記事のみからは都に帰る途中なのか、下野薬師寺に向う途上なのかは判断できない。

図34 ● 下野薬師寺出土文字瓦
下野国分寺が完成した以降の下野国内の国立寺院の瓦は、国衙工房で製作される。その頃から供給先を明示した「薬師寺瓦」「国分寺瓦」「大慈寺」などの型押が生まれる。

しかし、下野薬師寺での造営過程からは、七三〇年代の中頃に造営が始められた講堂がほぼ完成した時期に相当する。下野薬師寺では、まだ南門と寺院地の区画施設の造営が残されていたが、新中金堂の建設から始められた官寺化にともなう造営事業は、伽藍中枢部の最後の建物である講堂の完成をもって、一段落したとみなされたのであろう。

新中金堂・回廊・講堂などの、官寺化以降に造営された主要堂宇の造営基準尺が二九・二センチであるのに対し、南門に接続する寺院地を区画する瓦葺掘立柱塀（図35）の柱間寸法は、二九・七センチである。この寸法は下野国分寺の造営基準尺とほぼ一致し、南門の造営以来、両寺の造営が深く関係して進行した事実を示している。すでに述べたように、下野薬師寺の南門から出土する瓦は、下野国分寺の金堂出土の瓦と一致し、水道山瓦窯と

図35 ●南西角の瓦葺掘立柱塀（西上空より）
東日本の寺院では、寺院地の区画施設を瓦葺にした例はなく、下野薬師寺の格の高さを示す構造である。

乙女不動原瓦窯からの供給であることが明らかにされている。

下野薬師寺の造寺機関は、形のうえでは、道鏡が造下野国薬師寺司別当として配流された七七〇年（宝亀元）頃まではつづくのであるが、講堂と南門の造営との間には、少なくとも一〇年の開きがある。興福寺の支援にもとづく下野薬師寺の造営は、主要堂宇のなかで最後に造営された講堂の完成をもって、一応終了したとみなされる。したがって、宗蔵一行が駿河国を通過したのは、都への帰路であったと考えられる。

その後、下野薬師寺は、下野国分寺の金堂・塔と並行して、南門と寺院地区画施設である瓦葺掘立柱塀の造営を進め、七五〇年代の早い時期には完成する。天平年間の後半期の講堂の造営以後に造営が一時中断した時期はあるが、創建の段階で約三〇年、官寺化以後の段階で約三〇年の、約六〇年の歳月を費やして、ようやく下野薬師寺は完成したのである（図36）。

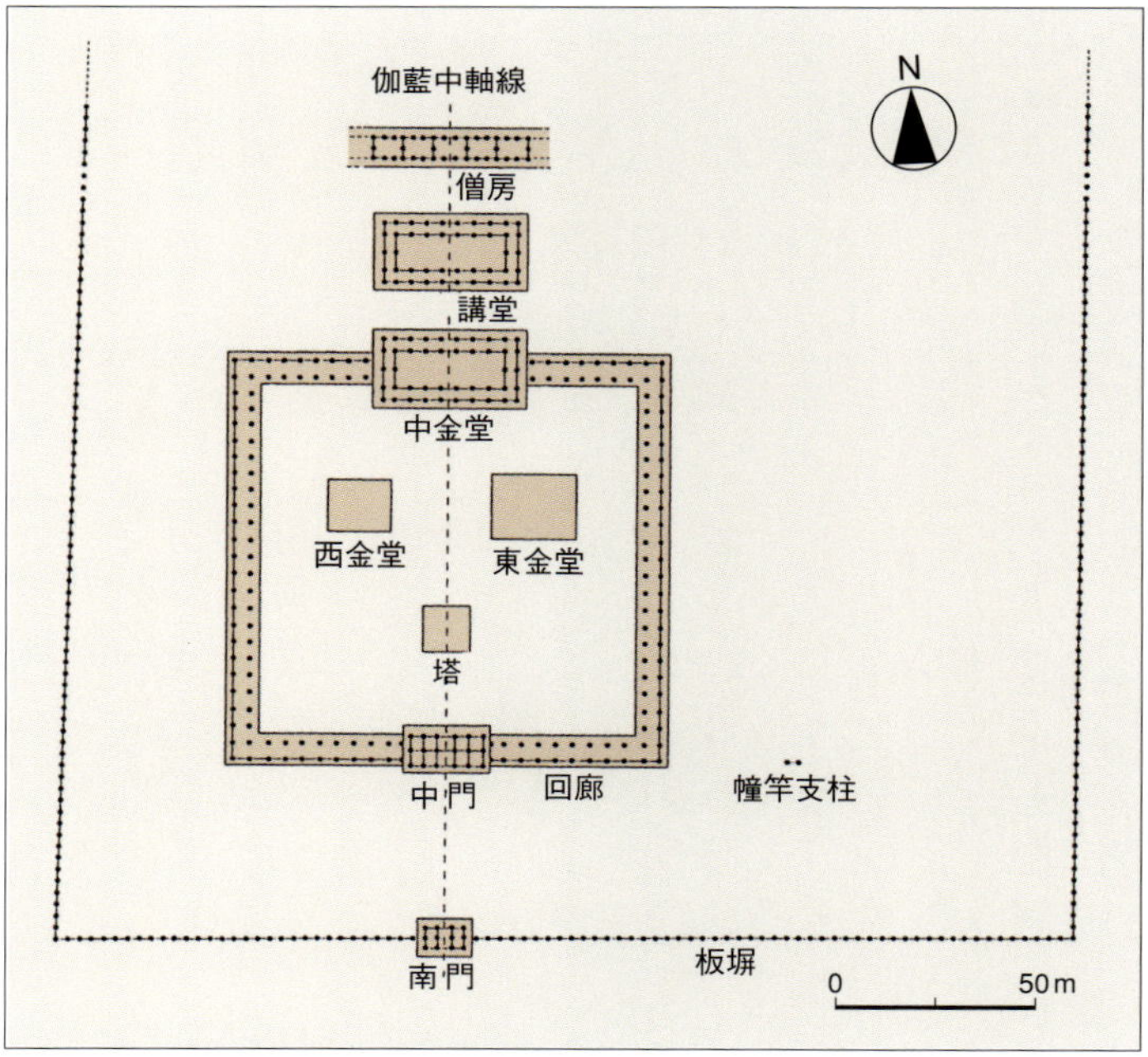

図36 ● 下野薬師寺完成時の伽藍配置
官寺下野薬師寺は、天平勝宝年間の早い段階に完成する。その後、761年に淳仁天皇の勅により日本三戒壇の制度が創設され、創建塔が焼失するまで、伽藍に変化はなかった。

4　蝦夷の反乱と東方守護

下野薬師寺は創建の当初から、坂東と陸奥・出羽国を加えた東国一〇カ国の東方守護を目的として造営された国家的寺院であった。この下野薬師寺が七二二年（養老六）頃に官寺に列したのは、どのような理由からであろうか。

七二〇年（養老四）九月に勃発した蝦夷の反乱ののち、律令政府によって陸奥国復興の綿密な計画がたてられ、その具体的内容が、七二二年閏四月に太政官奏として奏上された。そうした律令政府による綿密な復興計画のもとで、七二二年の前半頃に多賀城《たがじょう》・多賀城廃寺の造営が開始された、と平川南《ひらかわみなみ》は指摘する。その創建にあたり、陸奥国の公的機関である多賀城や多賀城廃寺の造営が、坂東諸国全体の協力関係のもとにおこなわれるという異例の措置がとられたのである。それは、出土する文字瓦が、坂東諸国の国名の頭文字を表記していることからも明らかである。

北啓太《きたけいた》が指摘するように、同様のことは七二〇年の蝦夷の反乱以降における城柵を守る人びと、柵戸《きのへ》の移配が、「戸」単位から「人」単位に政策転換がはかられ、さらに七二四年（神亀元）以降は、柵戸の動員地域が坂東に限定されるようになる。戸単位における大規模な移配は、柵戸を配出した東国社会に深刻な影響を与え、人びとの生活は疲弊し、社会にさまざまな障害を招いたことが、問題となったからであろう。

東国社会の状況をそのように考えると、下野薬師寺の官寺化は、蝦夷の反乱にともなう陸奥国での民生の疲弊や深刻な社会不安の解消と、新たな負担を強いられる坂東諸国に対し、仏教面からの人民の救済と国土の守護を目的とした一体の政策が、これまで以上に強化されて打ち出されたことによると思われる。

さらに、下野薬師寺の官寺化とほぼ併行した八世紀第1四半期の終末から八世紀第2四半期の時期に、それまで郡衙付属の寺院をもたなかった坂東諸国の各郡において、いっせいに造寺活動が始まり、さらに寺院併合令《じいんへいごうれい》にもとづく既設寺院の整備事業も推進されたのである。

蝦夷の反乱以後における疲弊した東国社会に対し、新たに仏教面からの政策が推進されたことは、ほぼ間違いない。具体的には、それまで郡衙に付属する寺院をもたなかった郡において、新造寺院が成立する頻度が高くなるなどの現象としてあらわれる。それを推進した思想の背後には、「諸国家ごとに仏舎を造り、仏像・経を置いて礼拝供養せよ」と命じた、六八五年（天武一四）の詔が基本にあり、この時期に、新造院の造営が強化されるような政策がとられたことが想定できる。そうした施策の実施にあたり、官寺下野薬師寺の果たした役割は、きわめて大きかったといえよう。

第4章　鑑真の来日と戒壇創設

1　日本三戒壇の設置

戒師招請

七〇一年（大宝《たいほう》元）、大宝律令の一編目として、僧尼の規範を定めた僧尼令《そうにりょう》を施行した政府は、平城京遷都直後の八世紀前半期に、仏教に対してきびしい統制を加えていった。七一七年（養老元）四月には、僧尼に対し寺院定住の徹底をはかり、翌五月には、百姓《ひゃくせい》が課役《かえき》を回避するための得度《とくど》に規制を加え、七一八年（養老二）には、官僧の質の向上を目指した学業の奨励に対する布告をし、さらに、同年四月には、僧侶としての規範を守るための公験《くげん》制の改革をおこなうなど、矢継ぎ早に仏教に対する統制が加えられていった。

しかし、そうした政策にも、やがて限界がみえはじめる。そのころの得度は、僧尼令にそっておこなわれ、僧侶としての浄行《じょうぎょう》や学業を奨励するものであったが、僧尼令そのものの得度基準のあいまいさもあった。

日本仏教界の現状を憂いた道慈《どうじ》や元興寺《がんごうじ》僧隆尊《りゅうそん》などの熱心な働きかけにより、七三二年（天平四）、唐から正式に戒律《かいりつ》を授けることのできる師僧《しそう》を日本に招請することが決まり、多治比広成《たじひのひろなり》を大使とする第九次遣唐使船で興福寺僧栄叡《ようえい》・普照《ふしょう》らを派遣したのは、翌七三三年（天平五）のことであった。

鑑真来朝

七三三年、戒律の師をもとめて入唐した栄叡・普照らは、七四二年（天平一四）に、揚州《ようしゅう》大明寺《たいめいじ》に住していた鑑真和上《がんじんわじょう》を訪れ、日本の仏教界のための渡日を熱心に懇請した。遠い東の日本からはるばる海をこえて唐土に来た栄叡らの熱意に、鑑真はみずから渡日することを決意する。

しかし、渡日計画は難儀をきわめた。弟子僧の妬《ねた》みからきた誣告《ぶこく》や船の難波、さらに、反対者らの官憲への密告など、たび重なる災難に遭遇し、五回の渡航はことごとく失敗した。

七五三年（天平勝宝五）、遣唐使の大使藤原清河《ふじわらのきよかわ》らは鑑真のもとに出向き、あらためて渡日を懇請する。一〇月二九日、鑑真に対する敬慕の念から日本に行くことを反対する人びとを振り切り、鑑真は渡日を決意して揚州を出帆した。六度目の挑戦である。

鑑真に従った弟子たちは、法進《ほっしん》ら僧二四名、尼三名の二七名と、在家の仏教信者である優婆塞《うばそく》二四名などであった。帯行した品々は、仏舎利三〇〇〇粒、仏像、経典、仏具などである。

航行中にはげしい暴風に遭遇したが、同年一二月二〇日、薩摩国坊津《さつまのくにぼうのつ》に漂着。同月二九日に大宰府に入り、難波《なにわ》を経て、七五四年（天平勝宝六）二月四日、ついに平城京に到着した。

栄叡・普照らが、第九次遣唐使船で唐に出発してからすでに二〇年、揚州大明寺に住した鑑真が来日を決意してから一一年の歳月を経ていた。その間、五回におよぶ渡航の失敗による苦難から、鑑真は失明していた。

入京後、ただちに東大寺に迎えられた鑑真は、開眼供養を終えたばかりの盧舎那大仏の前面に仮の戒壇を設置し、登壇した聖武太上《しょうむだいじょう》天皇・光明《こうみょう》皇太后・孝謙《こうけん》天皇をはじめ、四百三十余名に菩薩戒《ぼさつかい》と具足《ぐそく》戒《かい》を授けた。これが、日本で最初の正式な授戒である。

同年、盧舎那大仏の前面に仮設された戒壇の土を用い、東大寺大仏殿の西側に戒壇を中心におく戒壇院が設置された（図37）。その北側には、鑑真が止住《しじゅう》するための唐禅院《とうぜんいん》が置かれ、さらに、七六〇年（天平宝字四）、新田部《にいたべ》親王邸跡地に唐招提寺《とうしょうだいじ》が創建される。鑑真は戒壇院を授戒の場として活動し、また、東大寺の唐禅院と唐招提寺を講律の場として、戒律を授ける資格をもった伝戒師《でんかいし》の養成につとめたのである。

図 37 ● 東大寺戒壇院の門

日本三戒壇の設置

七六一年（天平宝字五）正月二一日、淳仁《じゅんにん》天皇の勅により日本三戒壇が設立された（図38）。東山道の信濃《しなの》国坂《くにざか》碓氷《うすい》峠の東と、東海道の足柄《あしがら》峠より東の坂東八カ国と陸奥・出羽国の二国を加えた一〇カ国は下野薬師寺を、西海道の九カ国は筑紫観世音寺を戒壇とすることが定められた（『帝王編年記』）。

七三三年（天平五）に戒師招請のため興福寺僧の栄叡・普照らが国家的使命を背負って入唐して以来、三〇年近くの歳月を要したことになる。東国と西国に戒壇を設けることによって、受戒を希望する沙弥《しゃみ》・沙弥尼《しゃみに》は、遠く都までおもむく必要がなくなったのである。

ところで、下野薬師寺と筑紫観世音寺の寺名が史料に記載される場合は、必ず下野薬師寺が先に、筑紫観世音寺が後に記載される。これは、下野薬師寺の守備範囲が坂東八カ国と陸奥・出羽二国を加えた一〇カ国であるのに対し、筑紫観世音寺は西海道の九カ国だからである。

七四九年（天平勝宝元）、諸寺が所有する墾田地の限度枠が定められたときに、下野薬師寺と筑紫観世音寺には、法隆寺・

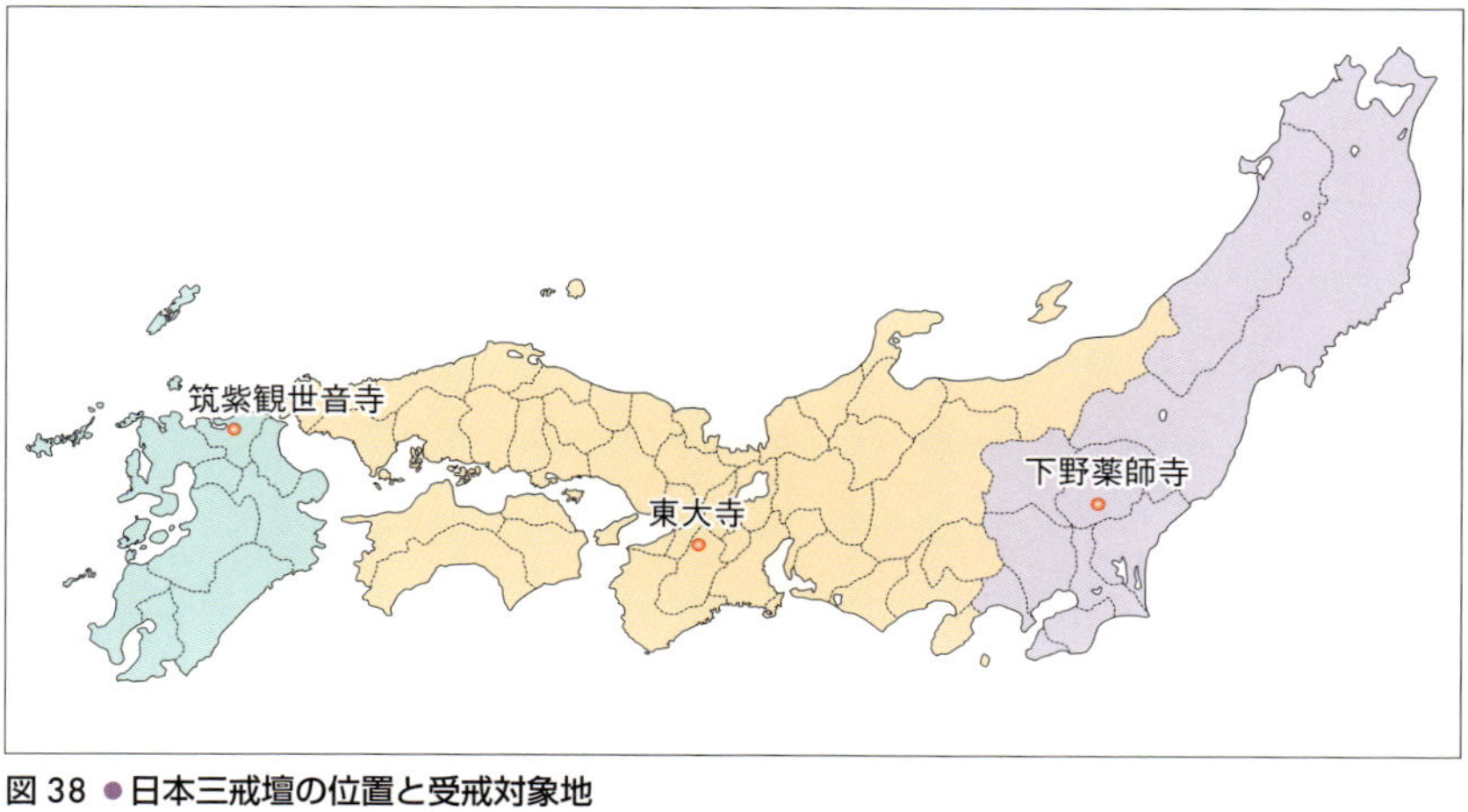

図38 ● **日本三戒壇の位置と受戒対象地**
下野薬師寺での受戒僧の対象地が、坂東8カ国と陸奥・出羽国の10カ国に定められた理由は、創建期からの性格がそのまま引き継がれたからであろう。

四天王寺などと同格の五〇〇町歩の墾田地が認められたが、そのときの記載順序も、下野薬師寺→筑紫観世音寺である。したがって、七四九年の時点における下野薬師寺の守備範囲は、すでに一〇カ国であったとみられる。

七四九年七月一三日の太政官符をそのように考えると、七二〇年九月に起きた蝦夷の反乱後の、坂東を背後地とした陸奥国復興政策のなかで、下野薬師寺が官寺化されたときも、同寺の守備範囲は、坂東八カ国と陸奥・出羽国を加えた一〇カ国であったと考えてよいだろう。

さらにいえば、六八六年（朱鳥元）頃に、大宰観世音寺と同じ国家的思想のもとで発願された下野薬師寺は、創建の当初から坂東諸国と陸奥・出羽国を加えた一〇カ国の守護と救済を目的としていたことも間違いあるまい。

七六一年（天平宝字五）、淳仁天皇の勅により、下野薬師寺に東国仏教の中心となる日本三戒壇の一つが設けられることが定められた背景には、創建の当初から、この寺が国家と結びついた性格を保持し、しかも、その対象が東国一〇カ国であることに対応したものと考えられる。

2　戒律・受戒・戒壇

戒律・受戒

戒律とは、僧侶と俗人とを区別し、寺院社会と世俗社会とを分けるための重要な標識である。僧侶としてのもっとも基本的条件は、戒律を遵守することを誓約し（受戒《じゅかい》）、その戒律を守りつづけること（持戒《じかい》）がもとめられた。戒律を守ることは、悪を止め（止悪《しあく》）、善を作る（作《さ》善《ぜん》）の力を僧侶に与えることであり、仏道修業に励む僧侶にとってもっとも大切なことは、罪や穢《けがれ》に汚《けが》されぬ清浄な心身を保つことである。清浄を保つために、止悪や作善の行為が重要視されたのである。

戒律によると、一二歳になると師僧に誓約して見習い僧ともいうべき沙弥・沙弥尼となることが許された。また、二〇歳になると犯罪者でもなく、不治の病いももたず、父母の許可が得られるなどの条件が満たされたものは、比丘《びく》・比丘尼《びくに》になることができた。この比丘・比丘尼になるための不可避の儀式が受戒である。

日本における鑑真来朝以前の受戒は、仏前でみずから戒律を守ることを誓約する自誓受《じせいじゅ》、もしくは、師比丘から戒を受ける従他受《じたじゅ》の、いずれかの手続きによって与えられたとされる。しかし、受戒に必要な十比丘《じゅうびく》、もしくは五比丘《ごびく》を確保することは、当時の日本では困難であったので、正式な受戒（如法受戒《にょほうじゅかい》）をおこなうことは、七五三年（天平勝宝五）の鑑真和上の来朝まで待たなければならなかった。以後、鑑真は朝廷から日本における伝戒師の養成を全面的に委《ゆだ》ねられたのである。

受戒と戒壇

受戒の作法をおこなう場が戒壇とよばれ、独立した区画内に置かれ、講堂や僧房などを含めた全体で戒壇院と称した。今日も東大寺戒壇院と唐招提寺において実物をみることができる。

戒壇は、地表から三壇の形状をもち、これは解脱《げだつ》への入口としての三空《さんくう》（空《くう》・無相《むそう》・無願《むがん》）を象徴するとされる。最上壇には舎利をおさめた宝塔をたて、仏の唯一の教えをあらわす場が形成された。この壇上で師比丘から戒を受ける、従他受の儀式がおこなわれたのである（図39）。

鑑真の来朝から始まった如法受戒は、日本において一に東大寺戒壇、二に東国薬師寺戒壇、三に西国観世音寺戒壇でおこなわれた。しかし、「東大寺戒壇は十人受戒にして中国の式に准じ、両国の戒壇は五人受戒にして辺国の式に准ず」（『律宗綱要』）とあるように、薬師寺と観世音寺の二寺は、東大寺に準じておこなわれた。比丘の数が多い中国では、十比丘による受戒がおこな

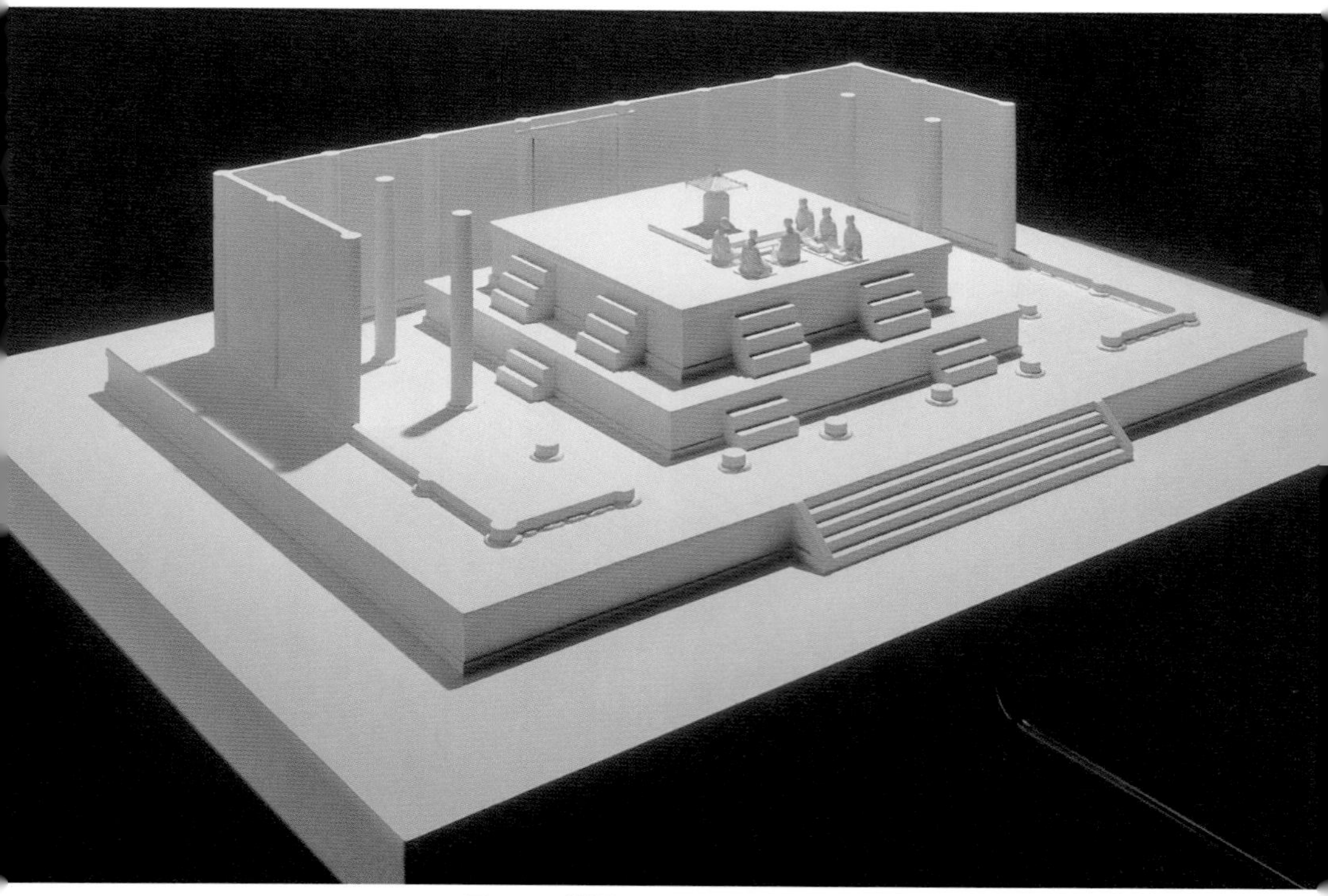

図 39 ● 戒壇院での辺国の式（三師二証）**による受戒の様子**
多宝塔に向かって右側の三人が和上・羯磨師・教授師の三師、左側が証師二人の二証、中央が受戒者である。

われ、辺国では五比丘による受戒が可能とされた。そこで、東大寺では中国の式により、下野薬師寺と筑紫観世音寺は、これに準じた辺国の式によって受戒が催されたのである。

東大寺の受戒に出仕した十人の比丘（十師）は、受戒者に戒を授ける戒和上《かいわじょう》、羯磨説《こんませつ》を唱え全体の進行を務める羯磨師《こんまし》、受戒者に作法を教える教授師《きょうじゅし》を三師、受戒の証人となる七人の比丘を七証《しちしょう》とよんだ。一方、下野薬師寺と筑紫観世音寺では、三師は同じであるが、証人となる比丘は二人（二証）で受戒が進められたのである。三師七証の十師による受戒と、三師二証の五師による受戒は、いずれもが受戒者に欠陥がなく、具足戒を受けたい師僧について尋ねる羯磨作法《こんまさほう》がおこなわれるので、その内容に相違があったわけではなく、三師二証による作法は、東大寺に準じた形でおこなわれたのであろう。

受戒の儀式が終了すると、受戒を公的に証明する文書として、三司使《さんしし》が署判をした戒牒《かいちょう》とよばれる証明証が発行される。比丘・比丘尼となったことを国家が認定した証明証である。東大寺以下の三戒壇における受戒は、国家における僧侶統制という役割を担って、国家的な支援のもとに実施された儀式でもあった。

3　下野薬師寺の戒壇はどこに

東大寺の戒壇院は、大仏殿の西に四天王像を祀って設置され、筑紫観世音寺の戒壇院も中門の西に盧舎那仏像を安置し、今日に法灯を伝えている。

下野薬師寺では、回廊内にある六角堂の位置が戒壇堂跡と伝えられ、その伝承は江戸時代中頃までさかのぼる。しかし、確実な根拠はない。昭和四〇年代の発掘調査で、六角堂の下層に、東西棟の基壇跡があることが確認された。今日では、この基壇跡が下野薬師寺式一塔三金堂型式伽藍配置の西金堂跡と考えられている。

南山律宗《なんざんりつしゅう》の開祖に南山大師《なんざんだいし》道宣《どうせん》という人物がいる。鑑真はその孫弟子にあたる。道宣は、寺院地の西南こそが戒壇が築かれるにふさわしい区画とした。その理由は明らかではないが、東大寺・筑紫観世音寺・唐招提寺では、いずれも寺院地西南に戒壇が設置されている。

下野薬師寺についても同様であることを期待し、一九九三・九四年度に寺院地南西側部の回廊西地区の調査を実施したが、痕跡すら確認できなかった。寺院地の利用形態を消去法でいえば、下野薬師寺の場合、もっとも可能性の高いのは、中金堂の東で東塔の北地区であろう（図40）。

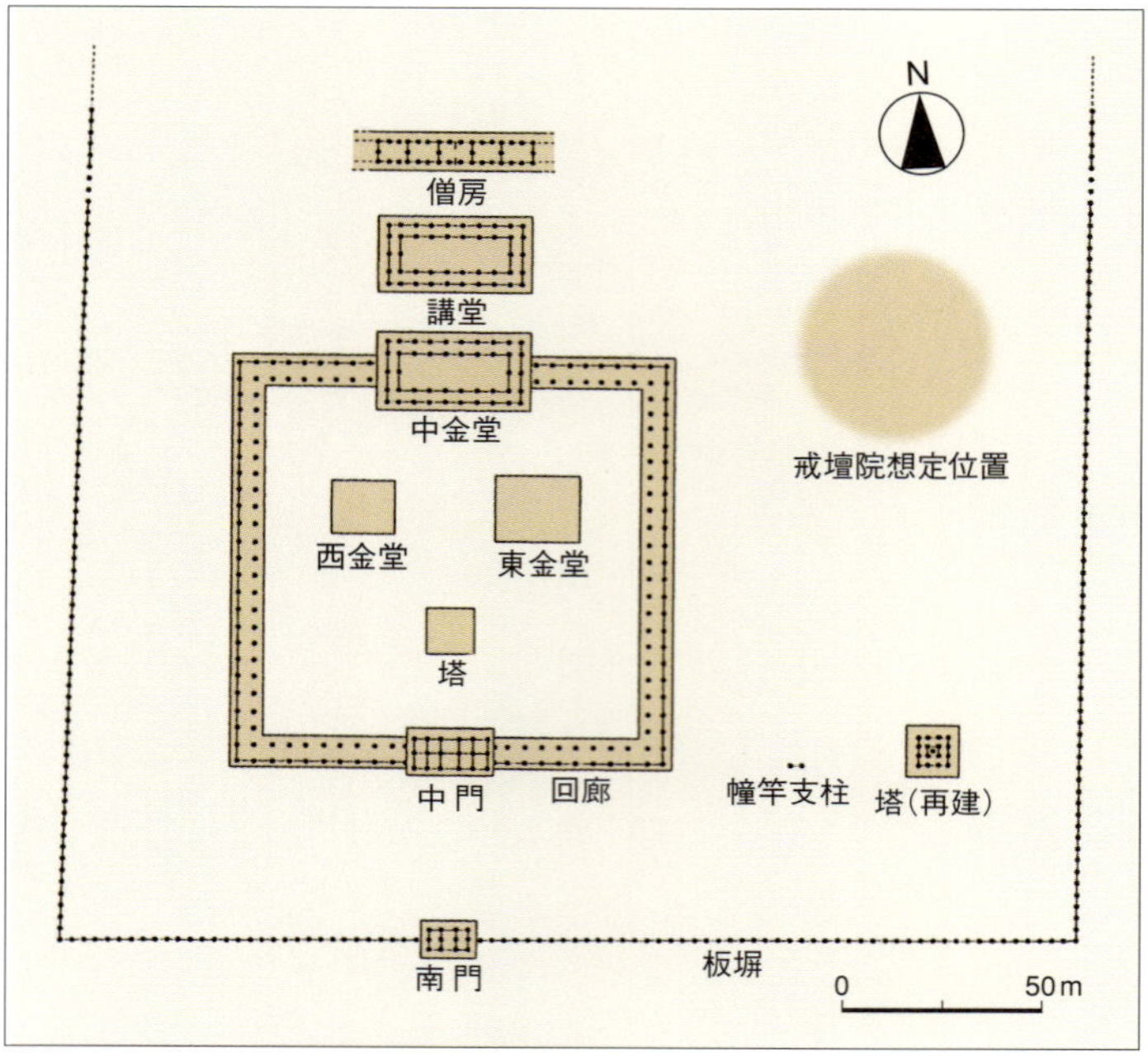

図 40 ● 下野薬師寺戒壇院想定位置図
「東大寺戒壇指図」によると、戒壇が設置された金堂の北に講堂を置き、さらに周囲を僧房や回廊で囲んだ全体を戒壇院と称した。

この地区では、農家の改築による現状変更にともなう発掘調査があり、基壇跡の一部が確認された。古代寺院では、一般的にこの位置に基壇建物が存在することはなく、位置的に戒壇院の金堂や講堂の一部と考えられる。下野薬師寺の戒壇のみは、寺院地の東で東塔の北に置かれた可能性がきわめて高い。

4　法王道鏡の配流

奈良時代の八世紀に、下野薬師寺で特筆しなければならないことに、平城京薬師寺の僧 行《ぎょう》真《しん》と、天皇に準ずる位とされる法王にまでのぼりつめた道鏡の配流がある。二人の有力な僧侶がこの寺に配流となったことは、けっして偶然ではなく、下野薬師寺が中央と直結した寺院であることを物語るできごとであった。

薬師寺僧行真の配流

七五四年（天平勝宝六）一一月、平城京薬師寺の僧行真が、宇佐八幡神宮《うさはちまんじんぐう》の主神大神多麻呂《しゅしんおおみわのたまろ》らと同心して、時の権力者（藤原仲麻呂か）を呪ったという罪で、下野薬師寺に配流された（『続日本紀』）。

行真については、大僧都《だいそうず》として活躍した法相宗《ほっそうしゅう》の行真という有名な僧がいることから、下野薬師寺に配流された人物と同一人物かどうかで説が分かれていたが、最近では、大僧都行真と同一人物であったとする考えが強くなりつつある、と佐藤信は指摘する。権謀にたけた個性的な面持ちが表現された坐像が、今も法隆寺夢殿の薄暗い一郭に安置されている。

法王道鏡の配流

七七〇年（宝亀《ほうき》元）八月四日、道鏡を「己《おの》が師《し》」とよび、厚く信任した称徳《しょうとく》天皇は、五三歳でこの世を去った。当時の貴族社会のなかで、道鏡派の政治的基盤は必ずしも磐《ばん》石《じゃく》ではなかったので、称徳女帝の後ろ盾を失い、道鏡はその立場をたちまち危うくした。

皇太子を定めなかった称徳天皇の治世が終わると、皇位継承をめぐって貴族たちのあいだに争いごとが生じた。そして、つぎの天皇には、天智天皇の孫にあたる白壁王《しらかべおう》が立つことになったのである。七七〇年八月二一日、皇太子となった白壁王は、皇位につこうとした法王道鏡の陰謀が発覚したとして、道鏡を造下野国薬師寺別当に任じ、その日のうちに下野国に向けて配流したのである。

七七〇年、造下野国薬師寺別当として道鏡がみた下野薬師寺は、官寺に昇格して以後、中金堂の造営から始まり、回廊・僧房・西門と造営が進み、講堂の完成をもって中心伽藍の造営が

図 41 ● **道鏡塚**
道鏡は死後、一般庶民として葬られたことが『続日本紀』にみえる。しかしその墓地はいまだ不明である。

終了し、区画施設である寺院地の造営もすでに完成した姿であった。

前章で述べたように、中心伽藍の完成は天平年間（七二九～七四八年）の前半期頃である。その後、七四一年（天平一三）二月に国分寺造営の詔が発布され、天平末年から天平勝宝年間（七四八～七五六年）の早い段階に下野国分寺の造営が開始され、下野薬師寺南門と下野国分寺金堂の造営が同時進行の形で進んだ。さらに下野薬師寺では、寺院地区画塀の造営が継続しておこなわれ、この寺院地区画塀の造営をもって下野薬師寺は完成した。その時期は、天平勝宝年間の前半頃である。

したがって、道鏡が造下野国薬師寺別当として就任したときの下野薬師寺は、完成してから、すでに二〇年近くも経ていた。二年後の七七二年（宝亀三）四月、道鏡は失意のなか、この地で没する。したがって、造下野国薬師寺司別当としての道鏡の実質的な活躍は、ほとんどなかったのである。

天皇に準ずる位とされる法王にまでのぼりつめた道鏡は、下野国の地で庶人として葬られた（図41）。権力をきわめ、そして没落した道鏡については、伝説がさまざまな形で広がり、栃木県内の人びとによって今日まで伝えられている。

第5章　復興と衰退

1　新仏教の潮流

民間仏教のうねり

下野薬師寺が官寺に昇格し、国分寺造営の詔が発布されたころ、畿内では、行基《ぎょうき》集団による仏教の社会的実践活動が国家から全面的に容認されるようになった。七四一年（天平一三）以降、労働奉仕による得度の認可は急激に拡大し、天平末年を頂点として、臨時得度だけでも一万人を超えたという。農業開発や架橋《かきょう》・布施屋《ふせや》の建設などをつぎつぎと実践する行基集団のエネルギーを、政府は無視することができなくなってきたのである。

畿内を中心とした民間仏教のうねりは、八世紀後半には確実に東国の農村社会にも波及した。とくに、関東地方を中心として、村落や集落ごとに掘立柱構造の四面庇《しめんびさし》建物の寺がつくられ、瓦塔《がとう》・香炉《こうろ》・香合《こうごう》・瓦鉢《がはち》などの仏具や、仏や神に関する多数の墨書土器が出土する。これまで東国の農村社会にはみられなかった、僧俗一体の社会が形成されていったのである。

そうした東国の農村社会での宗教活動が、行基集団のような架橋や布施屋の建設などの社会的実践活動をともなっていたのか否かは明らかではない。しかし、地方豪族や有勢者による農業開発がおこなわれるにあたり、富の獲得を容認する現世利益的な仏教が思想的背景にあったことは間違いないだろう。

南都仏教から平安仏教へ

七八一年（天応《てんおう》元）に即位した桓武《かんむ》天皇は、寺院や僧尼を対象として、あいついできびしい統制策を打ち出した。南都仏教の象徴であった東大寺に対してはとくに強硬で、堂塔の建立や造仏、さらに多くの庄園経営によりその財源を生みだしてきた造東大寺司《ぞうとうだいじし》を、七八九年（延《えん》暦《りゃく》八）に廃止し、造営や修理はすべて東大寺側に委ねられることになった。加えて、寺院造営の主要財源であった封戸も削減したのである。

そのような東大寺へのきびしい処遇からもみられるように、桓武天皇は、道鏡のような僧侶を生み出した南都仏教の諸寺院に対し、形式化していた僧尼の得度《とくど》試験を厳格に実行することを定めるなど、寺院や僧尼に対する統制を強力に進めていった。しかし、桓武天皇の南都仏教に対するきびしい処遇は、国家のための仏教そのものを否定したのではなく、あくまでも、南都の仏教界における僧侶政治の一掃という方針にもとづくものであった。そうしたなかから、旧来の仏教にかわる鎮護国家《ちんごこっか》の担い手として、新たな仏教の潮流が生まれてくるのである。

最澄《さいちょう》・空海《くうかい》によって開かれた天台宗《てんだいしゅう》と真言宗《しんごんしゅう》は、光仁《こうにん》・桓武朝による南都仏教への統制という政治的な側面と、一般社会に広がった「密教」への期待のなかで、急速に発展した。八〇四年（延暦二三）、奇しくも同じ遣唐使船に乗り、唐に渡った還学生《げんがくしょう》の最澄と留学僧の空海は、新たな仏教の潮流をもたらし、発展させることになった。

道忠と徳一

八世紀後半期から九世紀初頭の時期の東国仏教（図42）に大きな影響を与えた僧として、上野緑野寺《こうずけみどのでら》を開いた道忠《どうちゅう》の名が広く知られている。

道忠は、鑑真和上の持戒第一の弟子と称され、好んで利他行《りたぎょう》を実践したことから、東国化主《けしゅ》や菩薩《ぼさつ》ともよばれた。道忠の弟子の一人であった広智《こうち》も、多くの弟子を育て、徳の高さや利他行によって、人びとから菩薩と称された僧である。下野大慈寺《しもつけだいじじ》を拠点として天台宗を受け入れ、最澄の東国布教に協力した。国家によって支えられた下野薬師寺ではなく、山岳に近い緑野寺や大慈寺を拠点とした背景には、国家の仏教に対する新しい仏教の立場がみえてくる。

南都の仏教界と対立した最澄は、八一七年（弘仁《こうにん》八）、みずから東国を巡歴して天台宗の布教に努めた。その背景には、当時、会津慧日寺《あいづえにちじ》や筑波山中禅寺《つくばさんちゅうぜんじ》などを中心に活動し、東北・東国の仏教界に大きな影響力をもった徳一《とくいつ》との宗教上の対立があった。

俗界と結びつくことの多かった南都の仏教界を離れ、東北の慧日寺を拠点としていた法相宗の徳一と天台宗の最澄との間で、宗教教学上の大論争が展開された。仏性《ぶっしょう》（仏の本性）と衆《しゅ》生救済《じょうきゅうさい》のあり方をめぐる三一権実論争《さんいちごんじつろんそう》である。この論争は、徳一の死去により決着がつかなかったが、日本の仏教史上はじめての大論争であった。

その結果、南都の東大寺・下野薬師寺・筑紫観世音寺の三戒壇における受戒とは別に、天台宗を支える宗僧の独自の受戒を実現する動きが始まった。しかし、南都の寺院社会から大きな反発を受けることになり、結局、最澄の没後にはじめて戒壇設立の勅許《ちょっきょ》が下されたのである。

一方、民衆の教化につとめ、日光を開山したことで名高い勝《しょう》道上人《どうしょうにん》も、このころ活躍した僧である。勝道は、八溝《やみぞ》山系の下野国芳賀《はが》郡の出身といわれるので、筑波山中禅寺にいて常陸西部から下野東部に教線を拡大した徳一の影響を受けた可能性がある。神仏習合という日本化した宗教形態を形成するうえで、大きな原動力になった。

図42 ● **東国の民間仏教の拠点**
南都を中心とした平地寺院から山岳に近い山林寺院を拠点とした活動は、神仏習合という宗教形態をいっそう促進させた。

大慈寺の活動と下野薬師寺

奈良時代の寺僧は、平地寺院である本寺とは別に、人里はなれた静かな山林に営まれた寺院にも止住し、密教的な山林修行により呪力を得て、みずからの験力を高める術とした。これが陀羅尼《だらに》に象徴される呪術的な修行方法であった。虚空蔵求聞持法《こくうぞうぐもんじほう》などに代表されるこれらの修法は、現世でさまざまな望みを実現させる方法として、奈良時代以前から広く僧俗に受け入れられ、空海が将来した純密《じゅんみつ》に対して、雑密《ぞうみつ》とよばれていた。

下野国都賀《つが》郡にある大慈寺跡からは、下野国分寺の創建期からの軒丸瓦・軒平瓦が出土する。国分寺と結びついた山林寺院として創建された寺院であり、「大慈寺」と型押された平瓦も出土している（図43）。

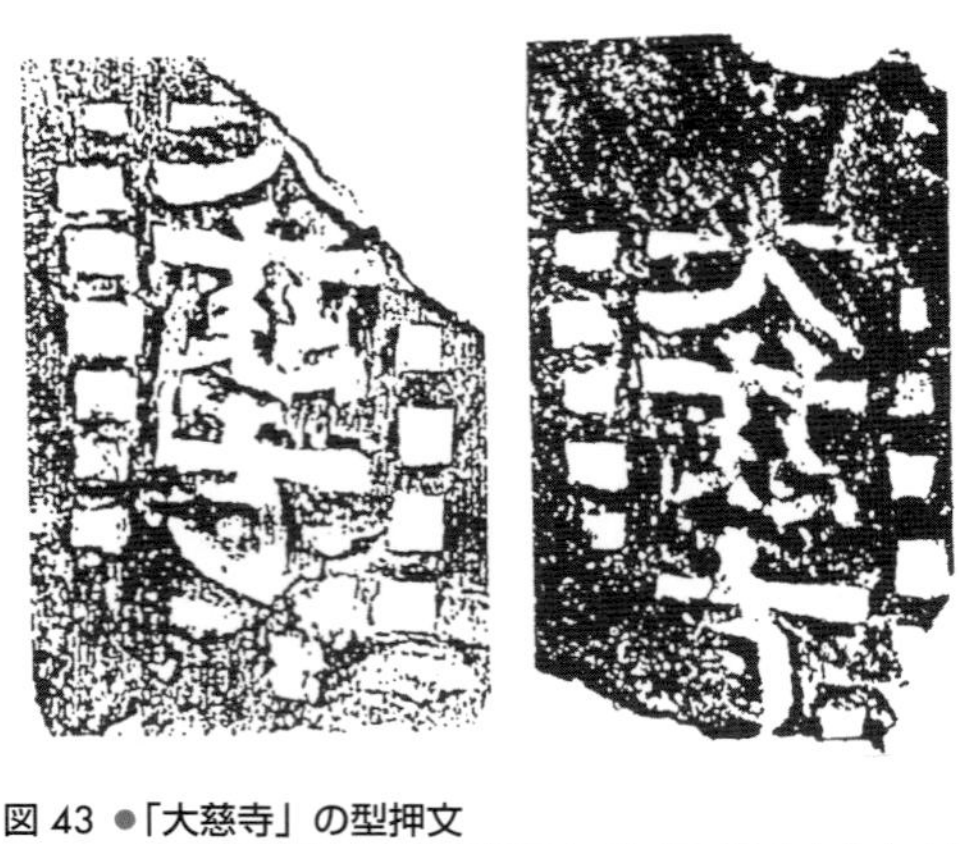

図43 ●「大慈寺」の型押文
下野国分寺の山林寺院である三毳（みかも）山山麓の大慈寺を示す平瓦。国衙工房から供給された。

最澄はみずから東国を巡歴して天台の布教を進めたが、このとき上野国緑野寺や、下野国都賀郡の大慈寺の両寺に宝塔の建立を発願した。これは最澄がめざした仏教的世界像を構成するための六所宝塔構想の一環であり、塔にはそれぞれ八千巻の法華経を安置して、毎日、法華経の長講をおこない、あわせて金光明経・仁王経の長講をおこなうというものであった。

この最澄の東国布教に協力したのが、下野大慈寺の僧であった広智である。広智は、師の道忠と同様に最澄の東国布教に協力し、多くの弟子たちを育成した。最澄の新しい天台宗を受け入れて、東国における布教にも協力し、最澄からも教えを受けている。広智が山岳に近い大慈寺を拠点とした背景には、それまでの国家仏教とは異なった新しい仏教の展開があった。

八四七年（承和《じょうわ》一四）四月、下野国分寺の塔において、下野薬師寺の別当であった法相宗の智公《ちこう》が展開した講に対し、法会に参加した広智の弟子の安慧《あんね》は、大慈寺で批判を書きとどめている。これも南都系の旧仏教との対立関係を示すものといえよう。

2　塔の復興と万灯会

塔の復興

九世紀の中頃から後半にかけての時期に、下野薬師寺の一塔三金堂型式の伽藍中枢部にあった創建期の塔が焼失した。この痕跡は、創建塔の発掘調査で確認されている。また、南西回廊の南面からは、焼失した塔の瓦礫を一括投棄した大きな窪地がみつかった。そこからは、焼土や炭化物、さらに焼けただれた瓦などが多数出土した。塔が焼けたとき、周辺の建物に類焼した痕跡がみられないので、落雷などにより、塔のみが単独で焼失したと考えられる。

新しい塔は、九世紀末頃に、寺院地の東に移して再建された。再建塔は、回廊南面の基壇端と塔の基壇端を一致させ、東側回廊から西に約七〇メートルの位置に建てられた（図44）。

再建塔が建立されたことで、南面からみた下野薬師寺の伽藍は、中門と左右に広がる回廊、さらに西側には幢竿《どうかん》支柱と塔が東西に並列した景観を形成する（図45）。回廊内に塔を置いた創建期の一塔三金堂型式から、東・西金堂の南面の景観を重視した伽藍配置に変更したのである。

再建された塔は、基壇辺長が一二・六メートル、初層辺長が七・二メートル（八＋八＋八尺）の規模に復元されるので、創建塔とほぼ同規模で建てられた。基壇積土内には、瓦・凝灰岩・砂利などが互層に突き込まれていた。さらに、柱を立てる位置

図 44 ●再建された東塔跡（下）と出土した風鐸（上）
塔は後世の破壊が進み、東側の地覆石３個が残されたのみであったが、基壇築成時の特徴から、大まかな規模が復元できた。風鐸は屋根の四隅を飾った。

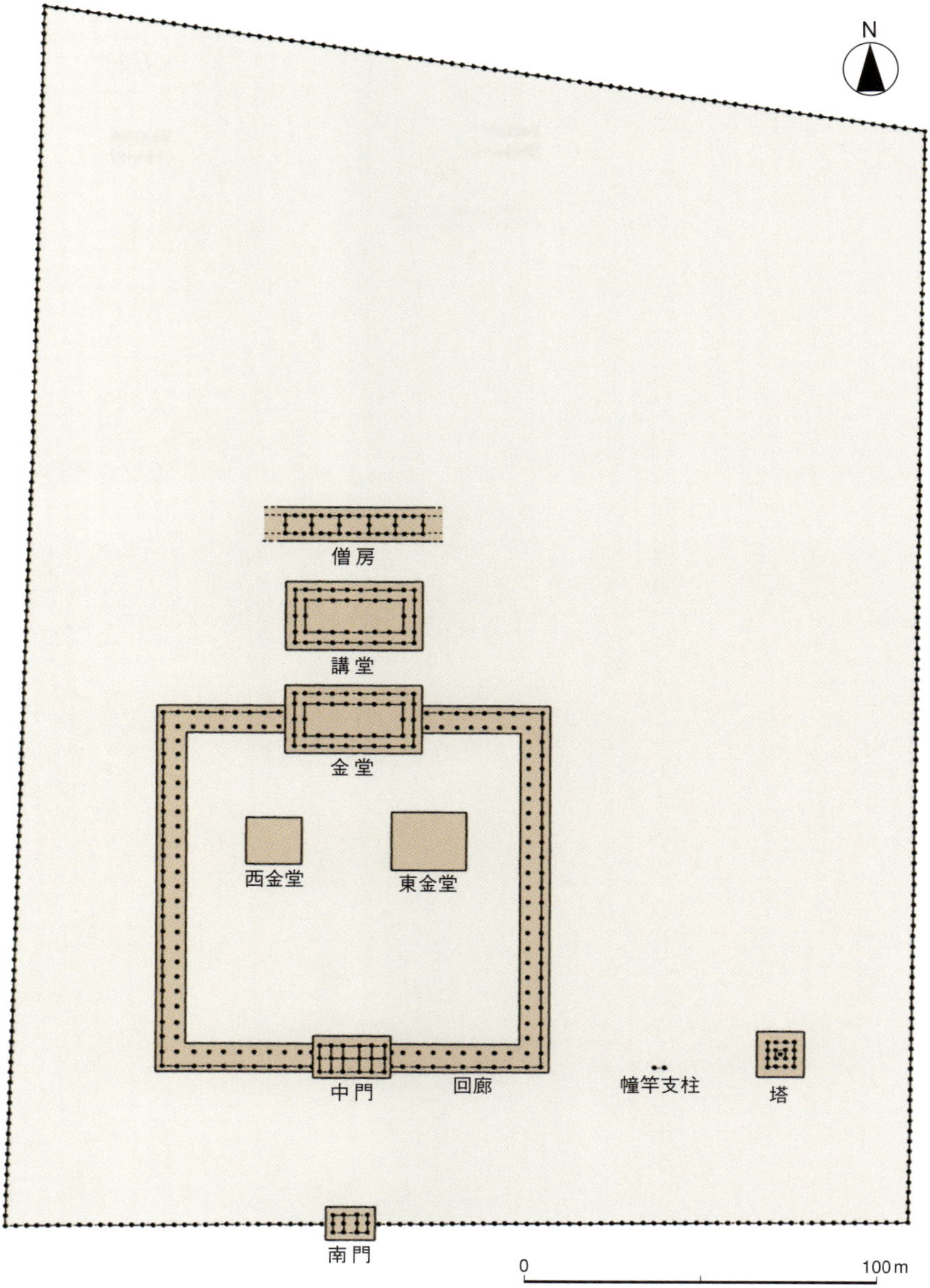

図 45 ●南面の景観を重視した下野薬師寺の伽藍配置

には、創建塔の基壇外装や礎石の石材を転用した凝灰岩片を置き、基壇の築成過程からその部分のみをさらに強固な構造にする方法がとられていた。

基壇回りには、多数の焼土・炭化物を含んだ膨大な量の瓦が散乱し、再建塔も再び火災で焼失したことを物語っていた。そうした状況から、焼失した再建塔は倒壊したままの状態で放置されたと思われる。

再建塔の瓦は、佐野市三毳《みかも》山麓窯跡群の八幡《はちまん》瓦窯《がよう》の製品で占められていた。八幡瓦窯は、下野薬師寺の塔再建のために特設された国衙工房であり、一部は下野国分寺にも補修用として供給された。しかし、下野薬師寺の他の建物の補習瓦として使用された形跡はみられない。

寺院地区画溝の掘削

下野薬師寺の寺院地区画施設は、第3章で述べたように、板葺掘立柱塀→瓦葺掘立柱塀→溝?→大溝へと変遷していった。大溝は、溝内から出土した土器や溝の形態などから、一〇世紀後半から一一世紀代頃に掘削されたと想定されている。溝内の土層は流土による自然堆積の土層で形成され、掘り直しをおこなった形跡はみられない。この大溝が、下野薬師寺の寺院地を区画する最終段階の施設である。

大溝内の土層は、溝内の流土が八割ほど堆積した上に、硬化面が何層にも重なって認められることから、道路として使用されたことがわかる。よって、下野薬師寺を取り囲む現在の道路の下層は、寺院地の北側を除き、大溝となる。一九二一年（大正一〇）に下野薬師寺が国史跡として指定された際には、この道路が基準となって寺院地の範囲が決定された。

したがって、発掘調査により大溝全体の形状を知ることができるのは、道路からはずれる寺院地北側大溝の一部のみである。これによると、上端幅が約三・五メートル、下端幅が〇・六メートル、深さ二・二メートルの薬研堀《やげんぼり》のような形態になる。これとほぼ同規模の溝が、南北約三四〇メートル、東西約二五六メートルの寺院地を全周しているので、掘削に要する労働量は膨大であったと思われる。その大工事が、下野薬師寺を擁護すべき律令国家が崩壊する一〇世紀後半から一一世紀におこなわれている点に、下野薬師寺の寺院地を守ろうとする強い意志を感じるのである。

万灯会

西回廊の調査では、落下瓦の下層から、油煙の付着した灯明皿《とうみょうざら》が五九点出土した（図46上）。回廊という性格上、土器類が多く出土する場所ではないので、これを回廊内でおこなわれた万灯会の痕跡と想定した。灯明皿は、ほぼ両側の側柱に沿って出土する傾向にあり、万灯会の際に灯明皿の置かれた位置を推定することができる（図46下）。

このうち、時期の判別が可能なものをまとめると、九世紀後半（一一％）、一〇世紀前半（一三％）、一〇世紀中葉（三七％）、一〇世紀後半（二八％）となる。万灯会は、九世紀後半に始まり、一部は一一世紀にまでおよんだようだ。

万灯会は、六五一年（白雉《はくち》二）、味経宮《あじふのみや》において「二千七百余の灯を朝《みかど》の庭内《おほば》に燃《とも》して」

（『日本書紀』）とあるのが初見であり、七四四年（天平一六）に、東大寺の前身である金鐘寺《こんしゅじ》および朱雀大路《すざくおおじ》で一万坏の燃灯供養をおこなった例などがある。平安時代になると、諸大寺の年中行事の一つとして盛んにおこなわれたようだ。

東日本の事例では、宮城県山王《さんのう》遺跡と埼玉県寺内《てらうち》廃寺が著名である。前者は、多賀城跡の南を東西に走る官道に近接して、油煙の付着した一〇世紀前半期の灯明皿が二〇〇個ほど一括投棄された土坑が発見された。後者は、武蔵国男衾《おぶすま》郡内にある奈良時代に創建された寺院跡で、

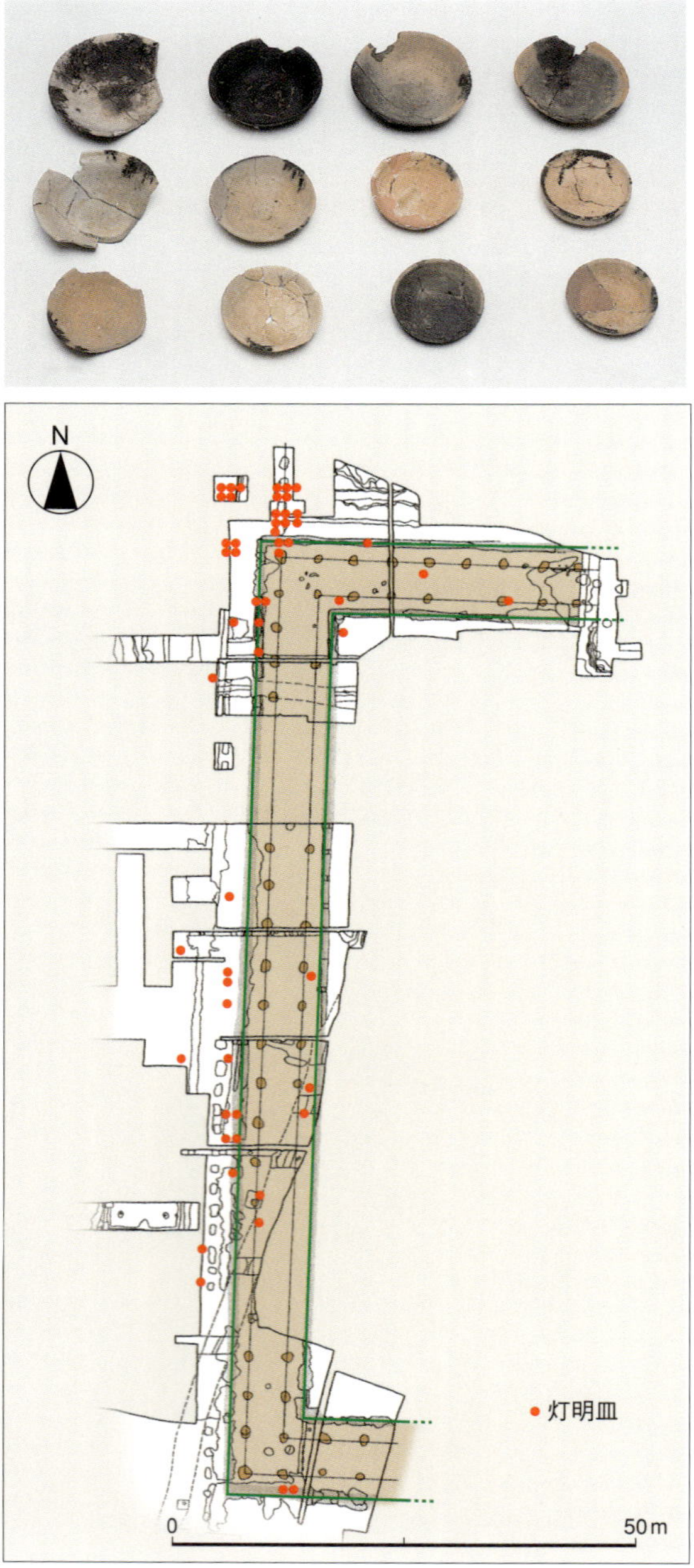

図 46 ● 西回廊跡から出土した灯明皿と出土位置
一万の灯火を点じて罪障を懺悔するために、仏・菩薩に供養する法会。

南門正面の道路付近から一〇世紀前半頃の多数の灯明皿が出土し、そのなかに「千油《せんゆ》」と書かれた墨書土器が含まれていた。「千油」は「千灯会《せんとうえ》」に使用する灯明皿を指し、「万灯会」と同義である。それらの例から、一〇世紀に盛期を迎える下野薬師寺の万灯会は、まさに流行に沿って催されたことになる。

3　古代下野薬師寺の終焉

授戒機能の衰退

九二七年（延長《えんちょう》五）一〇月に、下野薬師寺講師に、律宗僧が補任すべきことが定められた（『政治要略』）。八四八年（嘉祥《かしょう》元）の官符では、東大寺戒壇院の十師の律宗僧から下野薬師寺講師を選任し、同寺の授戒機能を充実させようとするものであった。

しかし、一〇世紀前半の下野薬師寺の講師は、他の諸国の講読師を選任するのと同様の基準で選任され、授戒機能を果たすことのできる講師は不在だったのである。授戒儀

図47 ● 平城京薬師寺万灯会

式の執行機関としての最大の宗教的基盤は一〇世紀の前半期には、すでに失われつつあった。

慶順の東大寺に対する要請

一〇九二年（寛治《かんじ》六）正月、下野薬師寺の僧慶順《けいじゅん》は、東大寺別当に対し、同寺の復興を求める申請書を上申した。慶順はそのなかで、「破壊顚倒すでに甚しく、猪鹿の薗となり、永く念《ねん》誦講読《ずこうどく》のつとめが絶え、仏堂塵土《じんど》となる」と下野薬師寺の惨状を訴えている。その頃はすでに、下野薬師寺が存立する宗教的基盤であった授戒機能もとだえていたのであろう。

慶順の東大寺に対する要請のねらいは、下野薬師寺が東大寺の末寺であることを強調し、二百余町歩の寺領からの年貢の納入を求めるものであった。しかし、東大寺が復興に協力した積極的な形跡はみられず、下野薬師寺の復興はならなかったのである。

図 48 ● 倒壊した回廊
西側の南面回廊では、大量の丸瓦や平瓦が屋根に葺かれたままで落下した状況を確認した。
また、焼土や焼けた土壁も検出されるなど、回廊が火災で焼失したことを物語っていた。

伽藍中枢部の火災

一九九二年から始められた下野薬師寺の史跡整備にともなう発掘調査において、中金堂・東金堂・西金堂・講堂・回廊・中門・南門の、中心伽藍のすべての建物が火災に遭っていることが確認されている。おそらく、同時期の火災であろう。

塔は、創建塔が火災で焼失したので、東に移し、東塔として再建された。しかし、この再建塔も再び火災に遭遇し、焼失する。回廊は、北面回廊で中金堂からの貰い火を受けて焼失・倒壊したことが判明した（図48）。とくに、中金堂に接した部分の回廊の焼け方はすさまじく、基壇がはげしく焼け、礎石に柱の痕跡が残されるほどであった。中金堂と回廊の類焼関係でわかるように、下野薬師寺中枢部の伽藍は、すべての建物が火災に遭遇するほどの大惨事に見舞われた可能性が高い。

この大火災の時期は、回廊での万灯会の開催が一一世紀初頭頃まで存続したことが確認できるので、それ以降であろう。僧慶順による下野薬師寺の復興運動がおこなわれたときには、まだ荒廃した仏堂が存続していた様子がみられるので、火災の発生はその後ということになる。

4　これからの下野薬師寺跡

下野薬師寺跡が史跡として指定されたのは一九二一年（大正一〇）。全国でも最も古い史跡の一つである。下野薬師寺の重要性が史跡指定の時期に示されているといえよう。しかし、その後の約半世紀は発掘調査もおこなわれず、研究の進展もほとんどみられなかった。

大きな転機を迎えたのが、指定地内を南北に走る県道石橋《いしばし》・結城《ゆうき》線の拡幅工事であった。一九六五年一一月、事態を重くみた文化庁の前身である文化財保護委員会は、拡幅工事部分で遺構の存在が予想される範囲について事前調査を実施した。翌年二月には、指定地全体の保護の見地から、主要伽藍の解明を急ぐ必要性があるとの判断のもと、一九六六年以降も継続して発掘調査を実施する方針が打ち出された。

発掘調査は栃木県教育委員会が調査主体となり、一九六五年度の第一次から、一九七一年度の第六次調査まで実施された。このときの調査で、金堂・講堂・東塔・中門・回廊・南門・寺院地区画施設などの主要建物跡を検出し、はじめて下野薬師寺跡の全貌が姿をあらわした。

一九八一年、地元の南河内町は、町の重要政策の一環として、全国的に著名な下野薬師寺跡の保存と活用をとりあげた。政策を企画したのは、当時、栃木県教育委員会に在職した故大金《おおがね》宣亮《のぶすけ》と町教育委員会の故坂本信亥《さかもとしんがい》社会教育課長であった。

大金は早稲田大学在学中に、郷里である下野薬師寺跡の第一次調査に参加し、その後、栃木県教育委員会に奉職、発掘調査の指揮をとった。大金にとって下野薬師寺は、もっとも専門とする研究分野であった。一方、坂本は、のちに町長に立候補し、みごと当選する。町長になってからも、下野薬師寺の保存・活用を町の最重要課題とするが、南河内町を全国的に売り出すには、下野薬師寺跡以外にないという考えを、いっそう強くもつようになる。ここに「史跡下野薬師寺保存管理策定委員会」が発足し、保存・活用のための具体的な歩みが組織的に始められた。

その後、一九九二年から南河内町教育委員会を調査主体とし、国士舘大学考古学研究室が協力する体制で発掘調査が始められた（図49）。発掘は史跡整備に必要な資料を得ることにあるため、伽藍地の解明を目的とした第一次～第六次調査成果の再検証と未調査部分について実施した。その内容については、本文に記したとおりである。

この基本設計と発掘調査の成果にもとづき、一九九七年度から四カ年にわたり、国庫補助事業の「ふるさと歴史の広場」を活用し、寺院地の南西部を中心に整備がおこなわれた。ここでは、西回廊の標示、回廊建物の復元、寺院地区画施設を含む指定地内の整備がおこなわれ、今日、広く活用されている。

図49 ● 下野薬師寺19次調査・東塔跡（1997年）
発掘調査には、国士舘大学文学部考古学コースの学生200名以上がたずさわった。砂塵舞う猛暑のなかでの作業や団体生活は苦労も多い。法隆寺の解体修理を担当した浅野清は、「はじめて宝の箱を開けるようなものだ」と言った。発掘調査には苦労を吹き飛ばす魔力があるのであろう。

また、史跡地を見渡すことのできる場所には下野薬師寺歴史館も建設された。

二〇〇六年一月、南河内町・石橋町・国分町の三町が合併して、新たに下野市が誕生した。下野薬師寺跡史跡整備事業については、下野市に移行しても重要事業として位置づけられ、継続的に推進することが決定された。二〇一一年には、第二期の保存管理計画が策定され、現在、金堂・講堂・東塔を中心に新たな整備計画が進められている。

わたしには、下野薬師寺の喫緊の課題として二つの願いがある。

ひとつは、下野薬師寺研究が盛んになり、正当な歴史的評価ができるまでに高揚することである。下野薬師寺は、辺境を含めた古代東国社会の守護と安寧を願って建立された寺であり、同様の寺に西海道を代表する筑紫観世音寺がある。観世音寺は、今日に法灯を伝えていることもあるが、その研究成果は下野薬師寺にくらべはるかに多い。下野薬師寺では、二〇〇四年の発掘調査で、新たに創建時の塔が発見され、一塔三金堂型式の新羅芬皇寺と同じ伽藍配置をもつことが明らかとなった。新羅との交流を含め、広い視野で下野薬師寺を再評価しなければならない時期を迎えている。そうした学術面での研究の活性化に対する願いである。

いまひとつは、戒壇院の発見である。これまでの発掘調査の積み重ねから、その場所が東塔の北であることはほぼ間違いない。下野薬師寺の寺名を高めたのは、なんといっても戒壇の存在である。その遺構を整備し、活用することにより、あらためて下野薬師寺の重要性が広く知られることに対する願いである。

下野薬師寺跡

・栃木県下野市薬師寺一六三六
・交通　JR東北本線自治医大駅から車で5分

一九六六年に始まった発掘調査は、現在まで三七次におよび、下野薬師寺は東国一〇カ国の中心寺院にふさわしい大寺であったことが判明した。

史跡　下野薬師寺跡

復元された回廊

下野薬師寺歴史館

・下野薬師寺の南西に隣接
・電話　0285（47）3121
・開館時間　9：00～17：00（入館は16：30まで）
・休館日　月曜日・第三火曜日、祝日の翌日（土・日・祝日は開館）、12月28日～1月4日
・入館料　無料

かつての寺院の伽藍配置を復元した模型、回廊の原寸大の模型、年代順に並べられた瓦などが展示されている。下野薬師寺がどのようにしてつくられたかがわかり、見学してから遺跡に向かうと理解しやすい。

下野薬師寺歴史館

刊行にあたって

「遺跡には感動がある」。これが本企画のキーワードです。

あらためていうまでもなく、専門の研究者にとっては遺跡の発掘こそ考古学の基礎をなす基本的な手段です。また、はじめて考古学を学ぶ若い学生や一般の人びとにとって「遺跡は教室」です。

日本考古学では、もうかなり長期間にわたって、発掘・発見ブームが続いています。そして、毎年厖大な数の発掘調査報告書が、主として開発のための事前発掘を担当する埋蔵文化財行政機関や地方自治体などによって刊行されています。そこには専門研究者でさえ完全には把握できないほどの情報や記録が満ちあふれています。しかし、その遺跡の発掘によってどんな学問的成果が得られたのか、その遺跡やそこから出た文化財が古い時代の歴史を知るためにいかなる意義をもつのかなどといった点を、莫大な記述・記録の中から読みとることははなはだ困難です。ましてや、考古学に関心をもつ一般の社会人にとっては、刊行部数が少なく、数があっても高価なその報告書を手にすることすら、ほとんど困難といってよい状況です。

いま日本考古学は過多ともいえる資料と情報量の中で、考古学とはどんな学問か、また遺跡の発掘から何を求め、何を明らかにすべきかといった「哲学」と「指針」が必要な時期にいたっていると認識します。

本企画は「遺跡には感動がある」をキーワードとして、発掘の原点から考古学の本質を問い続ける試みとして、日本考古学が存続する限り、永く継続すべき企画と決意しています。いまや、考古学にすべての人びとの感動を引きつけることが、日本考古学の存立基盤を固めるために、欠かせない努力目標の一つです。必ずや研究者のみならず、多くの市民の共感をいただけるものと信じて疑いません。

監　修　戸沢　充則

編集委員　勅使河原彰　小野　昭　小野　正敏　石川日出志　小澤　毅　佐々木憲一

著者紹介

須田　勉（すだ・つとむ）

1945年、埼玉県生まれ。

早稲田大学教育学部社会学科卒業。

文化庁記念物課文化財調査官を経て、現在、国士舘大学文学部教授。博士（文学）。文化審議会専門委員。

主な著作　「古代村落寺院とその信仰」『古代の信仰と社会』六一書房、「平安時代における国衙祭祀の一形態」『考古学の諸相Ⅱ』匠出版、「前期多賀城の成立に関する試論」『考古学論究』真陽社、「古代地方官寺の成立―下野薬師寺の創建―」『比較考古学の新地平』同成社、「国分寺と七重塔」『国分寺の創建　思想・制度編』吉川弘文館ほか

写真提供

下野市教育委員会：図1・4・8・9・21・22右・25・26上・28・30・31・35・39・44下・46上・48・博物館紹介、東京国立博物館：図8、奈良文化財研究所：図22左、小山市立博物館：図33右、国士舘大学考古学研究室：図33左・34・37（撮影：大門直樹）・41・43・47（撮影：長谷川宙輝）・49、栃木県立博物館：図44上

図版出典

図6・11・20・29・32・46下：国士舘大学文学部考古学研究室編『史跡 下野薬師寺跡Ⅰ』2004、図14・36・40：日本考古学協会第71回総会研究発表要旨、図15：『大和吉備池廃寺』2003より改図、図18：国立慶州文化財研究所『芬皇寺Ⅰ』2005より改図、図19：栃木県教育委員会

上記以外は著者

シリーズ「遺跡を学ぶ」082

古代東国仏教の中心寺院・下野薬師寺《しもつけやくしじ》

2012年2月25日　第1版第1刷発行

著　者＝須田　勉

発行者＝株式会社 新 泉 社
東京都文京区本郷2−5−12
振替・00170−4−160936番　TEL03（3815）1662／FAX03（3815）1422
印刷／萩原印刷　製本／榎本製本

ISBN978-4-7877-1232-5　C1021

シリーズ「遺跡を学ぶ」

A5判／96頁／定価各1500円＋税

◉第Ⅰ期（全31冊完結・セット函入46500円＋税）

01 北辺の海の民・モヨロ貝塚　米村衛
02 天下布武の城・安土城　木戸雅寿
03 古墳時代の地域社会復元・三ツ寺Ⅰ遺跡　若狭徹
04 原始集落を掘る・尖石遺跡　勅使河原彰
05 世界をリードした磁器窯・肥前窯　大橋康二
06 五千年におよぶムラ・平出遺跡　小林康男
07 豊饒の海の縄文文化・曽畑貝塚　木﨑康弘
08 未盗掘石室の発見・雪野山古墳　佐々木憲一
09 氷河期を生き抜いた狩人・矢出川遺跡　堤隆
10 描かれた黄泉の世界・王塚古墳　柳沢一男
11 江戸のミクロコスモス・加賀藩江戸屋敷　追川吉生
12 北の黒曜石の道・白滝遺跡群　木村英明
13 古代祭祀とシルクロードの終着地・沖ノ島　弓場紀知
14 黒潮を渡った黒曜石・見高段間遺跡　池谷信之
15 縄文のイエとムラの風景・御所野遺跡　高田和徳
16 鉄剣銘一一五文字の謎に迫る・埼玉古墳群　高橋一夫
17 石にこめた縄文人の祈り・大湯環状列石　秋元信夫
18 土器製塩の島・喜兵衛島製塩遺跡と古墳　近藤義郎
19 縄文の社会構造をのぞく・姥山貝塚　堀越正行
20 大仏造立の都・紫香楽宮　小笠原好彦
21 律令国家の対蝦夷政策・相馬の製鉄遺跡群　飯村均
22 筑紫政権からヤマト政権へ・豊前石塚山古墳　長嶺正秀
23 弥生実年代と都市論のゆくえ・池上曽根遺跡　秋山浩三
24 最古の王墓・吉武高木遺跡　常松幹雄
25 石槍革命・八風山遺跡群　須藤隆司
26 大和葛城の大古墳群・馬見古墳群　河上邦彦
27 南九州に栄えた縄文文化・上野原遺跡　新東晃一
28 泉北丘陵に広がる須恵器窯・陶邑遺跡群　中村浩
29 東北古墳研究の原点・会津大塚山古墳　辻秀人
30 赤城山麓の三万年前のムラ・下触牛伏遺跡　小菅将夫
別01 黒耀石の原産地を探る・鷹山遺跡群　黒耀石体験ミュージアム

◉第Ⅱ期（全20冊完結・セット函入30000円＋税）

31 日本考古学の原点・大森貝塚　加藤緑
32 斑鳩に眠る二人の貴公子・藤ノ木古墳　前園実知雄
33 聖なる水の祀りと古代王権・天白磐座遺跡　辰巳和弘
34 吉備の弥生大首長墓・楯築弥生墳丘墓　福本明
35 最初の巨大古墳・箸墓古墳　清水眞一
36 中国山地の縄文文化・帝釈峡遺跡群　河瀬正利
37 縄文文化の起源をさぐる・小瀬ヶ沢・室谷洞窟　小熊博史
38 世界航路へ誘う港市・長崎・平戸　川口洋平
39 武田軍団を支えた甲州金・湯之奥金山　谷口一夫
40 中世瀬戸内の港町・草戸千軒町遺跡　鈴木康之
41 松島湾の縄文カレンダー・里浜貝塚　会田容弘
42 地域考古学の原点・月の輪古墳　近藤義郎・中村常定
43 天下統一の城・大坂城　中村博司
44 東山道の峠の祭祀・神坂峠遺跡　市澤英利
45 霞ヶ浦の縄文景観・陸平貝塚　中村哲也
46 律令体制を支えた地方官衙・弥勒寺遺跡群　田中弘志
47 戦争遺跡の発掘・陸軍前橋飛行場　菊池実
48 最古の農村・板付遺跡　山崎純男
49 ヤマトの王墓・桜井茶臼山古墳・メスリ山古墳　千賀久
50 「弥生時代」の発見・弥生町遺跡　石川日出志

◉第Ⅲ期（全26冊完結・セット函入39000円＋税）

51 邪馬台国の候補地・纒向遺跡　石野博信
52 鎮護国家の大伽藍・武蔵国分寺　福田信夫
53 古代出雲の原像をさぐる・加茂岩倉遺跡　田中義昭
54 縄文人を描いた土器・和台遺跡　新井達哉
55 古墳時代のシンボル・仁徳陵古墳　一瀬和夫
56 大友宗麟の戦国都市・豊後府内　玉永光洋・坂本嘉弘
57 東京下町に眠る戦国の城・葛西城　谷口榮
58 伊勢神宮に仕える皇女・斎宮跡　駒田利治
59 武蔵野に残る旧石器人の足跡・砂川遺跡　野口淳
60 南国土佐から問う弥生時代像・田村遺跡　出原恵三
61 中世日本最大の貿易都市・博多遺跡群　大庭康時
62 縄文の漆の里・下宅部遺跡　千葉敏朗
63 東国大豪族の威勢・大室古墳群〔群馬〕　前原豊
64 新しい旧石器研究の出発点・野川遺跡　小田静夫
65 旧石器人の遊動と植民・恩原遺跡群　稲田孝司
66 古代東北統治の拠点・多賀城　進藤秋輝
67 藤原仲麻呂がつくった壮麗な国庁・近江国府　平井美典
68 列島始原の人類に迫る熊本の石器・沈目遺跡　木﨑康弘
69 奈良時代からつづく信濃の村・吉田川西遺跡　原明芳
70 縄紋文化のはじまり・上黒岩岩陰遺跡　小林謙一
71 国宝土偶「縄文ビーナス」の誕生・棚畑遺跡　鵜飼幸雄
72 鎌倉幕府草創の地・伊豆韮山の中世遺跡群　池谷初恵
73 東日本最大級の埴輪工房・生出塚埴輪窯　高田大輔
74 北の縄文人の祭儀場・キウス周堤墓群　大谷敏三
75 浅間山大噴火の爪痕・天明三年浅間災害遺跡　関俊明
別02 ビジュアル版 旧石器時代ガイドブック　堤隆

◉第Ⅳ期　好評刊行中

76 遠の朝廷・大宰府　杉原敏之
77 よみがえる大王墓・今城塚古墳　森田克行
78 信州の縄文早期の世界・栃原岩陰遺跡　藤森英二
79 葛城の王都・南郷遺跡群　坂靖・青柳泰介
80 房総の縄文大貝塚・西広貝塚　忍澤成視
81 前期古墳解明への道標・紫金山古墳　阪口英毅
82 古代東国仏教の中心寺院・下野薬師寺　須田勉
83 北の縄文鉱山・上岩川遺跡群　吉川耕太郎